超高齢社会を生きる

―老いに寄り添う心理学

監修 日本心理学会　編者 長田久雄・箱田裕司

SHINRIGAKU SOSHO

日本心理学会

心理学叢書

誠信書房

心理学叢書刊行にあたって

日本心理学会では、２０１１年の公益社団法人化を契機として、公開シンポジウムの実施を拡充してまいりました。２０１５年度には、次の三つのシリーズを企画し、全国各地で総計28回のシンポジウムを開催するに至っています。

・教育や医療、司法等の現場における心理学の貢献を紹介する「社会のための心理学シリーズ」
・心理学の科学としての側面を中心に紹介する「科学としての心理学シリーズ」
・高校生や教員の方を対象として、様々な分野の心理学を紹介する「高校生のための心理学シリーズ」

いずれのシンポジウムも大変なご好評を頂いており、参加できなかった方々からも、講演の内容を知ることができないか、といったご要望を数多く頂戴しています。そうした声にお応えして、２０１４年から心理学叢書を上梓することとなりました。本叢書は、シンポジウムでお話しした内容をさらに充実させ、わかりやすくご紹介することを目的として、刊行されるものです。

編者や執筆者の方々はもちろんのこと、シンポジウムの企画・運営にお骨折り頂いた教育研究委員会、とりわけ、講演・出版等企画小委員会の皆様に厚く感謝申し上げます。

２０１６年11月吉日

公益社団法人日本心理学会
理事長　長谷川壽一

編者はじめに――超高齢社会の光と影

国際連合では，総人口の中で65歳以上の人の数が７％を超えた国を高齢化社会，その倍の14％を超えた国を高齢社会，そして３倍の21％を超えた国を超高齢社会と定義している。これに従えば，日本はいうまでもなく超高齢社会である。将来は３割を超えるとも推計されているように，高齢者の割合は増え続けている。

超高齢社会は，文字通り高齢者が多い社会であるが，それだけではなく，出生率が低く子どもの少ない少子社会でもあり，また，１００歳以上の人が６万人以上という長寿社会でもある。本書は，このような社会的背景の中で，心理学の領域から高齢者と高齢者に関わる人々に少しでも役に立つ情報を提供しようという目的で編集された。

日本老年学会は，２０１５年に下記のような声明を出した。「最新の科学データでは，高齢者の身体機能や知的能力は年々若返る傾向にあり，現在の高齢者は10～20年前に比べて５～10歳は若返っていると想定される。個人差はあるものの，高齢者には十分，社会活動を営む能力がある人もおり，このような人々が就労やボランティア活動など社会参加できる社会を創ることが，今後の超高齢社会を活力あるものにするために大切である」。

多くの人が長寿を享受できるようになり，また，高齢になっても身体機能や知的能力が維持されてきていることは，超高齢社会における光ともいうべき歓迎すべきことであろう。しかし，高齢者が認知症や寝たきりになるリスクも高まることは事実であり，こうした，いわば超高齢社会の影に不安を抱く人も少なくない。心身の健康が維持されて長生きをすることが、現代社会の多くの人が望む人生であろう。

本書は、第一線で実際に研究や支援活動を行っている専門家に、超高齢社会における高齢者に対する心理的支援という視点から執筆していただいた。第Ⅰ部では、健康で長生きするための心理的支援を取り上げた。毎日の生活の中で、適切な栄養を摂取すること、運動を実施すること、適度な休養をとることが、さまざまな疾病を予防し、健康の維持増進に有用であることは広く認められている。しかし、実際には、望ましい食生活習慣や運動習慣を維持することに困難さを感じている人も多い。高齢者にとって望ましい身体活動や運動、食生活がどのようなものであり、どのような工夫によって、より良い習慣が達成できるかを第1章と第2章で述べている。そして第3章では、100歳以上の長寿を達成した人たちの研究を紹介している。100歳以上の人を「百寿者」と言うことがあるが、実際の百寿者の研究成果から健康長寿の秘訣を受け取っていただきたい。

高齢者のより良い生活の具体的な目標として、生活の質を高く維持することの重要性は広く認められている。生活の質に関連する要因には、経済的状態、居住環境、家族や親族、友人や知人との社会的関係の状況などとともに、日常生活が自立・自律して送れるような行動能力が維持されている状態――こうした状態を老年学では「機能的健康が維持されている」と表現することがあるが――が重要であると指摘されている。高齢者が日常生活で、なるべく不自由なく質の高い生活を維持するための支援という観点から、第Ⅱ部の第4章では、高齢者にも使いやすいモノづくりについてまとめている。第5章では、社会生活を不活発にする要因と関連して、生活の質に影響する閉じこもりとその予防について述べている。第6章では、自殺とも関連の深いうつ病に関して、高齢者自身と周囲の人が可能な心理的対応に関して紹介している。

第Ⅲ部では、患者の数が400万人以上とも推定されており、超高齢社会の大きな課題の一つである認知症を取り上げた。第7章では、認知症という疾病と認知症の人の心理的理解について述べている。第8章では、認知症の人に対する心理臨床的なアプローチを紹介している。第9章では、現在考えられている認知症の予防法に関してまとめている。

本書が、超高齢社会の課題を考える端緒や手掛かりとなり、心身の健康を維持し、疾病や傷害、孤立や孤独、日常生活の自立の低下などを回避克服し、高齢者が、社会の中で自分の望む活力のある生き方をして幸福感や満足感をもつことができる老い――こうした老いのことを「サクセスフルエイジング」と呼ぶことがある――を達成し、周囲の人も含めて質の高い生活を送ることに少しでも役立つことができれば幸いである。「編者おわりに」で述べられているように、死を迎えるにあたってそれをどのようにサポートするかという問題は心理学だけでは手に余る問題なのかもしれないが、本書が、高齢者が自分の人生とそして老いを受け入れて許し、喜びや感謝の中で生涯を閉じるためのヒントとなれば幸いである。なお、本書は、日本心理学会主催の三つのシンポジウムの話題提供者を中心として執筆を依頼し、その内容を中心として編集した。日本心理学会事務局の皆様と、出版に際してご尽力くださった誠信書房の布施谷友美氏と中澤美穂氏に感謝の気持ちを捧げる。

２０１６年10月

長田久雄

目　次：超高齢社会を生きる――老いに寄り添う心理学

第3章　百寿者から学ぶ健康長寿とは　36

第II部 心理面から支える高齢者の生活の質

第5章 高齢者の閉じこもり――その予防と支援 67

第6章 高齢者のうつ病を防ぐために
――本人とまわりの人にできること 83

第III部 認知症の人と家族を支える心理学

第8章 認知症の人と家族の心を支える

第9章 認知症予防の最前線——生活の質を保つために 133

第Ⅰ部

心理面から支える高齢者の健康長寿

第1章 健康長寿のための身体運動
――無理なく続けるために

【原田和弘】

1 はじめに

健康長寿の実現には、身体活動や運動に積極的に取り組むことが大切です。そのことを、すでに多くの高齢者は知っています。しかし、厚生労働省が毎年行っている調査によると、高齢者の身体活動や運動の実施状況は、この15年間でほとんど変わっていません。

身体活動や運動は、「継続は力なり」とは言うものの、つい「三日坊主」になってしまいがちな行動の代表格の一つです。読者の皆様にとっても、「身体活動や運動を始めたものの、長続きせずに終わってしまった」といった話は身近なことかと思います。身体活動や運動が続く高齢者と続かない高齢者は、いったい何が違うのでしょうか？　どうしたら、もっと多くの高齢者が身体活動や運動を無理なく続けられるようになるのでしょうか？

本章では、身体活動や運動と健康長寿について簡単に説明した上で、高齢者が身体活動や運動を継続できるようにうながす心理的支援の考え方や、これまでの研究でわかったこと・わかっていないことなどについて説明します。

2　身体活動・運動と高齢者の健康長寿

身体活動や運動の推奨

身体活動や運動が、高齢期の健康づくりにとって大切であることは、これまでの多くの研究で明らかにされてきました。これらの研究の成果として、身体活動や運動を行うことで、体力の低下が抑えられ、介護が必要な状態になるリスクが低くなることが確認されています。また、身体活動や運動を行うことは、抑うつや不眠などの改善にも効果的であることが知られています。さらに、高齢期に身体活動や運動を行うことは、記憶力や注意力などの認知機能を保つことにも有効で、認知症の予防に対しても効果を発揮する可能性も示されています。このように、身体活動や運動を行うことは、高齢者の体の健康だけではなく、こころや脳の健康にも効果的であることがわかっています。

そこで、世界保健機関（ＷＨＯ）や、厚生労働省は、これらの身体活動や運動の健康効果に関する研究成果をまとめ、高齢期においてどのくらいの時間や頻度の身体活動や運動を行うことが望ましいかについての基準を発表しています。ＷＨＯの基準(10)について紹介しますと、これは、子ども、成人、高齢者の3グループ別に定められており、全58ページとなっています。このうち、高齢者の部分の内容は、以下の3点にまとめることができます（正確な内容を知りたい方は文献リストに挙げたＷｅｂサイトをご確認ください）。

①高齢者は、少し息が弾む程度の強さの身体活動を週に１５０分以上行うか、または、やや呼吸が乱れる程度の強さの身体活動を週に75分以上行うべき（これらの強さの身体活動を組み合わせても可）

②運動制限のある高齢者は、バランス能力を高める身体活動を週３日以上行うべき

③筋力トレーニングは、週２日以上行うべき

また、厚生労働省の現在の基準は、２０１３年に決められたもので、この年の決定で初めて高齢者を含む年代別の基準[6]が示されました。この基準では、高齢者（65歳以上）に対して、以下のように述べられています。なお、「メッツ・時[注1]」とは身体活動量の単位のことで、より詳しく意味を知りたい方は原文もご確認ください。

・65歳以上の身体活動（生活活動・運動）の基準

「強度を問わず、身体活動を10メッツ・時／週行う。具体的には、横になったままや座ったままにならなければどんな動きでもよいので、身体活動を毎日40分行う」（厚生労働省　２０１３、９頁）

ＷＨＯと厚生労働省の基準から考えると、「1日20分（週１５０分÷７＝21・４分）から40分程度」が、高齢者が身体活動や運動を行う上での目安になるかと思います。ただし、どちらの基準とも、よりたくさん身体活動や運動を行うほど、より多くの健康効果が得られると述べています。そのため、あくまでも目安として、で

（注1）　身体活動の強さを、安静時のエネルギー消費量の何倍に相当するかで表す単位。例えば、座って本や新聞等を読んでいる状態が1・3メッツ、普通歩行が3メッツ、ジョギングが7メッツに相当する。

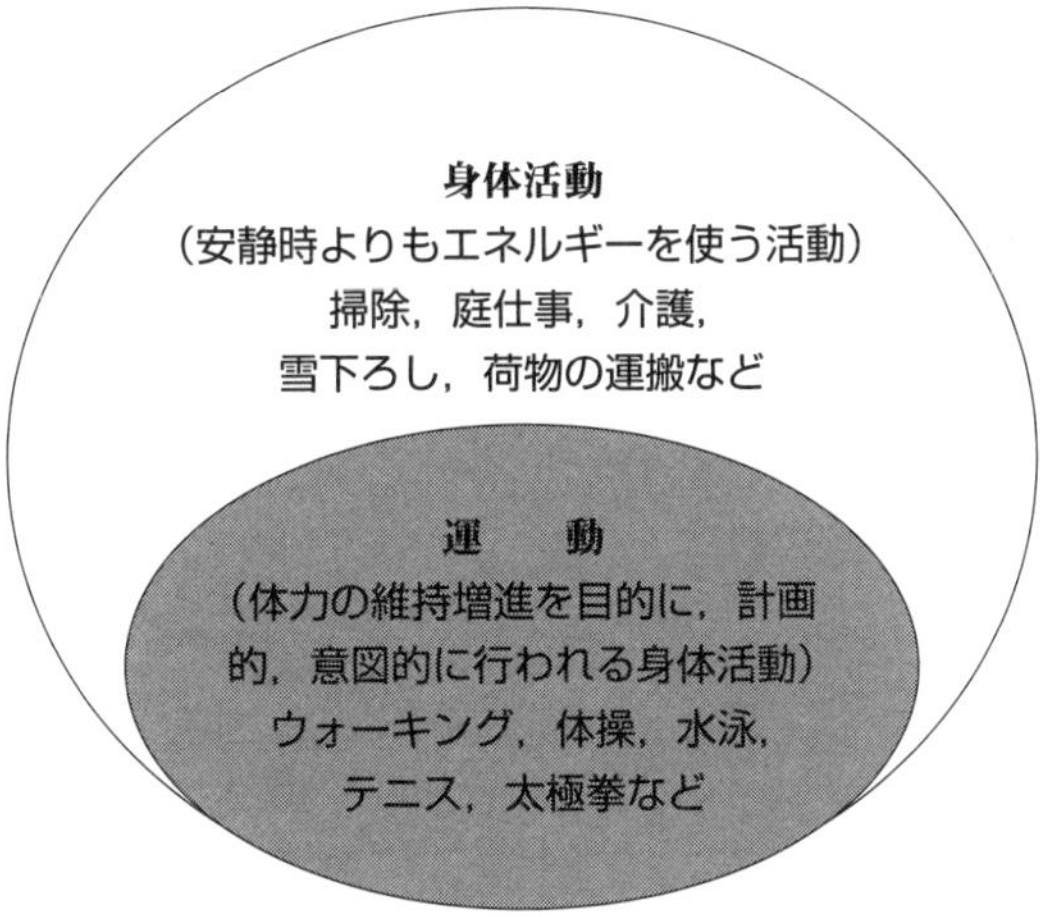

図 1-1　身体活動と運動の関係

きるだけ積極的に行うことが重要です。

身体活動や運動の定義

これらのＷＨＯや厚生労働省の推奨では、「身体活動(Physical Activity)」という用語が使われています。身体活動とは、運動よりも広い概念を指します。身体活動と運動の関係性を、**図1-1**に示しました。身体活動は、「安静時よりもエネルギーを使う動作のすべて」を指す概念です。そのため、身体活動には、掃除、庭仕事、介護、雪下ろし、荷物の運搬など、日常生活の中で営まれるさまざまな活動が含まれます。一方、「運動（Exercise)」は、これらの身体活動のうち、ウォーキング、体操、水泳、テニス、太極拳など、体力の維持増進を目的に、計画的・意図的に行われる活動が当てはまります。

身体活動という考え方は、健康・スポーツ科学の分野で、１９９０年代から注目されるようになり、その重要性が確認されています。また、ＷＨＯや厚生労働省の基準が示しているように、現在では、運動よりも身体活動という言葉の方が、より頻繁に使用されています。これらの動向は、

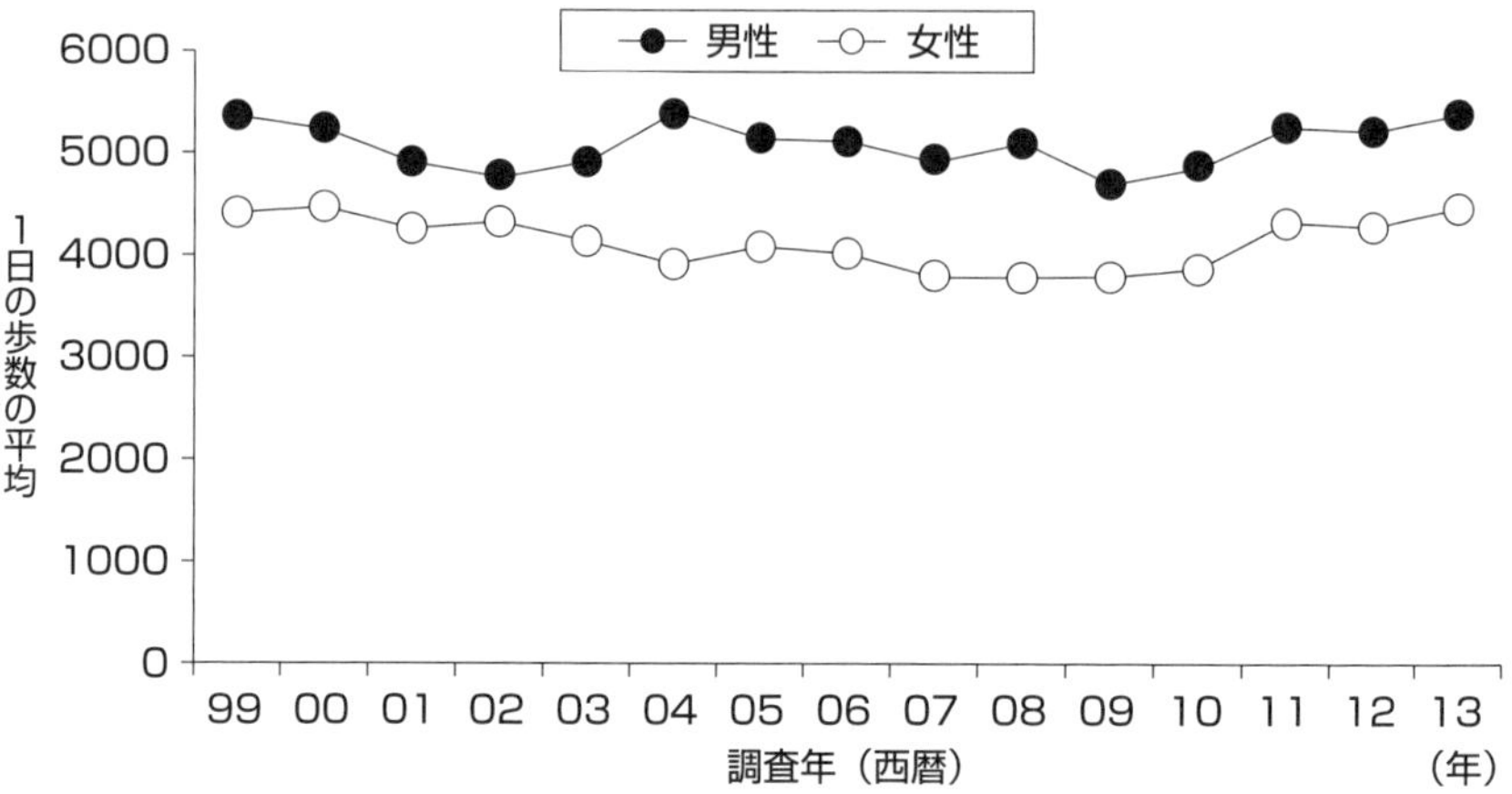

図 1−2　70 歳以上の 1 日の歩数の変化（国民健康・栄養調査（厚生労働省）の Web サイト〈http://www.mhlw.go.jp/bunya/kenkou/kenkou_eiyou_chousa.html〉をもとに著者作成）

「いわゆる運動だけではなく、先に例で示したようなさまざまな生活活動を行うことも、健康づくりにとって大切である」ということを意味しています。

身体活動・運動の実施傾向

これまでのさまざまな調査・研究によると、身体活動や運動を行うことが、健康長寿を実現するために重要であることが示されており、このことは、多くの高齢者がすでに知っています。また、健康日本21（第一次、第二次）が策定されたり、介護予防制度などが導入されたりするなど、2000年代以降、高齢者の身体活動や運動の実施を後押しする社会的風潮も高まっています。しかし、データを見てみると、高齢者の身体活動や運動の実施状況は、長年にわたり、ほぼ変化していないのが現状です。

本節では、身体活動や運動を示す指標の中でも、代表的な指標であり、日常的にも実感しやすい「歩数」の変化について、厚生労働省の調査（国民健康・栄養調査）のデータを紹介します。

図1-2は、国民健康・栄養調査における過去15年間（１９９９～２０１３年）の70歳以上の歩数（1日当たり）の推移をまとめたものです。この調査は毎年行われているもので、調査年によって、歩数に多少の変動はあります。しかし、図1-2を見ればわかるように、過去15年間、おおむね男性は５０００歩台を、女性は４０００歩台を推移しており、大きな変化はなく横ばい状態が続いています。この結果が示すように、我が国で身体活動を積極的に行う高齢者は増えているとは言えません。

3　高齢者の身体活動や運動を支援する心理学の展開

高齢者の身体活動・運動に対する心理的支援の考え方

第2節で説明しましたように、健康長寿の実現には、身体活動や運動に積極的に取り組むことが大切です。しかし、高齢者が身体活動を行っている状況は、この15年間でほとんど変わっていません。そのため、身体活動や運動を通じて高齢者の健康長寿を実現していくためには、高齢者が身体活動や運動に継続的に取り組んでいけるようにする支援が必要です。

身体活動や運動の継続を導く効果的な支援方法を考える上では、心理学の考え方が役に立ちます。こういった支援方法を考えるには、①身体活動や運動を行うことに影響する要因を明らかにし、②その要因をターゲットとした支援を行うことが効果的であるかを確かめることが有効です（**図1-3**）。心理学の領域では、後に述べる心理学の理論やモデルを駆使し、どのような要因が高齢者の身体活動や運動の実施に影響を与えているのかを明らかにする研究が行われてきました。また、明らかにされた要因をターゲットとした支援方法によっ

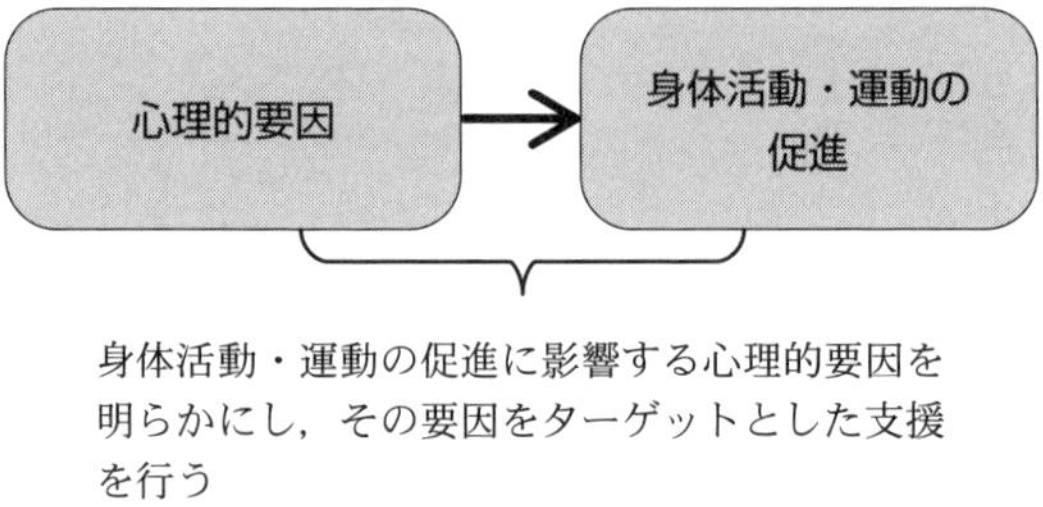

図1-3　身体活動・運動の促進に対する心理的支援の考え方

て、従来の支援方法よりも、より効果的に身体活動や運動の実践をうながすことができるかどうかも研究されてきました。

これらの研究から、主に成人を対象とした場合は、どのような心理的支援が、身体活動や運動の継続に対して効果的であるのかがわかってきました。そこで、身体活動や運動の支援方法を考える上で主に使用されてきた心理学の理論やモデルについて簡単に紹介した上で、成人を中心とした研究からわかってきたことについて紹介します。ただし、成人から得られた心理的支援に関する知見は、必ずしも高齢者には当てはまらないことも明らかにされ始めており、高齢者を対象とした、今後のさらなる検討が必要と考えられています。最後にこの点について説明します。

主な心理学理論やモデル

身体活動や運動の効果的な支援方法を考える上で使われてきた、主な心理学の理論やモデルとして、「計画的行動理論」（エイゼンが１９８５年に提唱）、「社会的認知理論」（バンデューラが１９８５年に提唱）、「行動変容ステージモデル」（プロチャスカとディクレメントが１９８３年に提唱）の三つが挙げられます。これらの心理学理論やモデルは、行動に影響を及ぼす主な要因を提唱するものです。また、これらの理論やモデルで説かれている要因について、要因の名称はそれぞれで必ずしも同じではないものの、その具体的な内容について

表1-1　主な心理学理論・モデルの考え方

心理学理論・モデルが提唱する要因			考え方
計画的行動理論	社会的認知理論	行動変容ステージモデル	
態度	結果期待	意思決定バランス	メリット・デメリットの考え方が，行動に影響する
主観的規範	ソーシャル・サポート	—	周りの人の考え方や，周りの人からの支援が，行動に影響する
行動統制感	セルフ・エフィカシー	セルフ・エフィカシー	「できる！」という見込み感を強くもつことが，行動に影響する
—	自己調整	変容プロセス	行動を続ける工夫をするためのスキルが，行動に影響する
行動意図	—	—	「やろう！」という思いの強さが，行動に影響する
—	—	変容ステージ	5つの段階を経て，人々は習慣を身につける

は、重なり合う部分も多いものとなっています。そこで、これらの三つの理論やモデルで提唱している、行動に影響を及ぼす主な要因について、**表1-1**にまとめました。なお、それぞれの理論やモデルの詳しい内容は、2003年刊行の論稿[8]を参照ください。

表1-1に示しましたように、主な心理学理論やモデルの共通点は、四つにまとめられます。一つ目は、「メリット・デメリットに対する考え方が、行動に影響する」とする点です。これは、行動の効果やプラス面を多く感じると行動がうながされ、行動の欠点やマイナス面を多く感じると行動が抑制される、という見方です。この見方によると、例えば、「体を動かすと気分転換になる」「運動すると友達が増える」「体を動かすと体力がつく」など、身体活動や運動の良い面に目を向けることが、身体活動や運動を続ける上で効果的です。一方、「運動すると疲れる」「体を動かすことは面倒くさい」「時間の無駄」など、身体活動や運動に対する否定的な考え方は、身体活動や運動の継続を妨げるものであるため、こ

れらの否定的な考え方を変えることが大切です。

身体活動・運動を支援する心理学の主な理論・モデルに共通する二つ目は、「周りの人の思考や、周りの人からの支援が、行動に影響する」という考え方です。周りの人が行動をすべきだと考えていたら、具体的な支援をしてくれたりすると、本人の行動が促進されます。身体活動や運動について考えた場合、周りの人が、「励ましたり応援したりしてくれる」「運動すると褒めてくれる」「運動することを理解してくれる」などの支援をしてくれるかどうかが、身体活動や運動が続くかどうかに影響しています。

理論やモデルの共通点の三つ目は、『できる！』という見込み感を強くもつことが、行動に影響する」という視点です。「自身はできる！」という見込み感が強ければ行動しようという気持ちになりますが、見込み感が弱いと、行動しようという気持ちになりにくいです。この視点を身体活動や運動に当てはめると、「疲れている時、気分が乗らない時、忙しい時などでも、自分は身体活動や運動を続けることができる」という自信を強くもつことが、身体活動や運動の継続に対して重要です。

また、理論やモデルに共通する四つ目の考え方として、「行動を続ける工夫をするためのスキルが、行動に影響する」という考え方があります。これは、自分自身でうまく工夫のできる人は行動が続きやすいですが、うまく工夫できない人は行動が長続きしにくいということを意味します。この考え方によると、身体活動や運動の場合、「1日の目標を立てる」「どのくらい体を動かしたのかを記録する」「目標を達成できたときは自分自身を褒める」などの工夫をするスキルをもつことが、身体活動や運動の継続に影響していると思われます。

以上の四つの点が、身体活動や運動についての主な心理学理論やモデルの共通点です。なお、これらの共通点に加えて、「計画的行動理論」では「行動意図」という概念が、また、「行動変容ステージモデル」では「変容ステージ」という概念がそれぞれ説かれています。「行動意図」とは、『やろう！』という思いの強さが、行動に影響する」という見方のことであり、身体活動や運動の場合、「これから先、身体活動や運動を行おう」という気持ちが強いほど継続しやすいことを意味します。また、身体活動や運動の変容ステージは、「前熟考期」（身体活動や運動に興味のない段階）、「熟考期」（身体活動や運動に興味のある段階）、「準備期」（不定期に身体活動や運動を行っている段階）、「実行期」（定期的な身体活動や運動を始めた段階）、「維持期」（定期的な身体活動や運動を継続している段階）の五つの段階から構成されます。これらの段階を経て、人々は習慣を獲得すると考えられています。

成人を対象とした研究で明らかになったこと

身体活動や運動の継続に対する心理的支援をテーマとした研究は、１９９０年代からさかんに進み始めました。その結果、心理学理論やモデルに基づいて心理的支援を行うことが、成人の身体活動や運動の継続に効果的であることがわかっています。

さらに、心理学理論やモデルに共通する四つの考え方のうち、どの考え方が、身体活動や運動を継続することに対して、特に重要であるのかについても検討が進んでいます。これまでの研究から、成人の場合は、四つの考え方の中でも、特に、行動を続ける工夫をするためのスキルを身につける支援（専門用語では、「変容プロセス・自己調整」を高める支援といいます）が、身体活動や運動の継続と密接に関係していることが明らかになってきています。

例えば、変容プロセス・自己調整を高める支援の重要性を示す研究として、２０１０年に発表された論文があります[9]。この論文は、成人を対象に、身体活動や運動を支援した先行研究27編を再整理・分析するかたちで構成されています。その結果、変容プロセス・自己調整を高める支援（行動を続ける工夫をするためのスキルを高める支援）を行った研究のほうが、こういった支援を行わなかった研究よりも、身体活動や運動の実施状

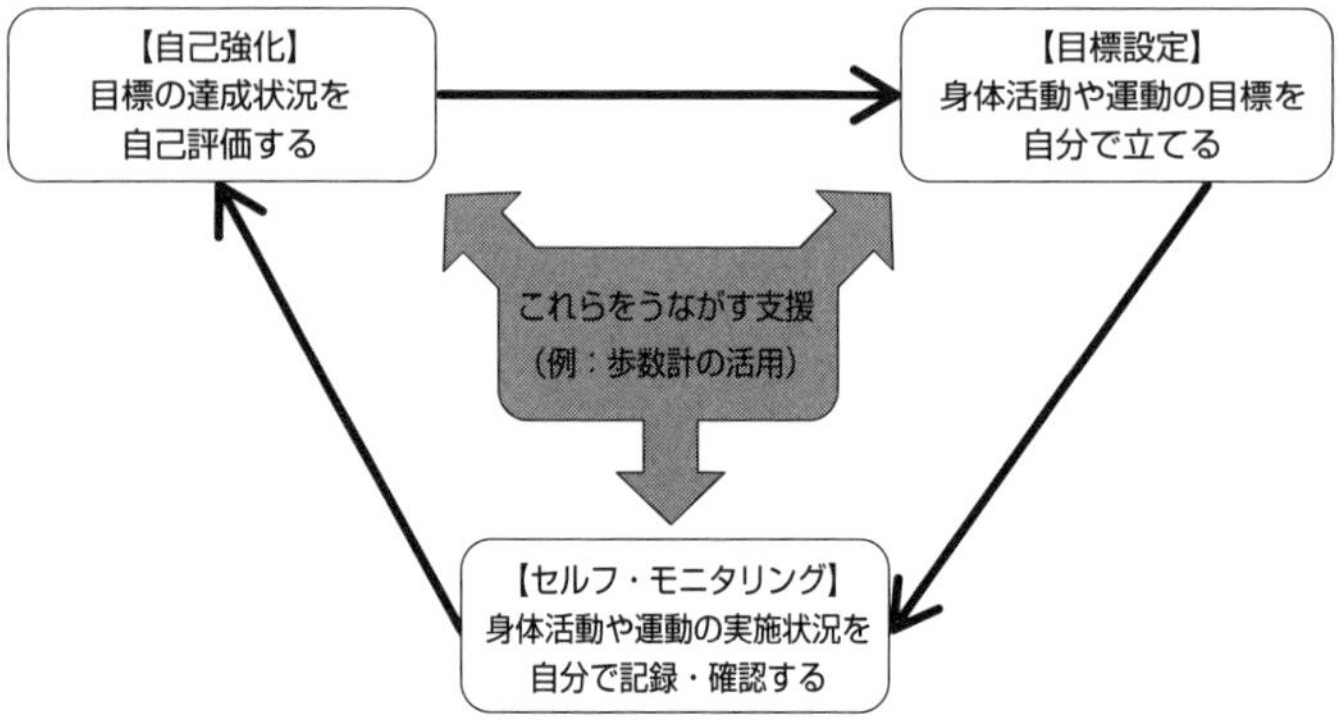

図 1-4　変容プロセス・自己調整をうながす支援の具体例

況を高めることに成功していることが確認されました。一方、その他の三つの考え方に従った支援（メリットを強調しデメリットを取り除く支援、周りの人からの支援を増やす支援、続ける自信を高める支援）は、身体活動や運動の向上に有効かどうかがはっきりしませんでした。

彼らの論文は、少なくとも成人に対する支援を考えた場合は、自分自身で身体活動・運動を続ける工夫を上手にできるようになる支援を行うことが、身体活動や運動の継続を効果的にうながすために特に重要であることを示しています。さらに、彼らの発見を支持するように、この論文が発表された以降に行われた研究でも、同じことが繰り返し報告されています。

なお、成人を対象とした身体活動や運動に対する心理的支援に関する研究の動向については、他の論文[5]もご参照ください。

変容プロセス・自己調整を高める支援の具体例

変容プロセス・自己調整（行動を続ける工夫をするためのスキル）を高める具体的な支援の内容としては、「目標設定」「セルフ・モニタリング」「自己強化」をうながす支援が一般的です（図1-4）。これら三つの専門用語について解釈すると、目標設定とは、自分自身で1日や1週間の目標を立ててもらうように支援することです。身体活動や運動で言えば、例えば、「1日1万歩、歩く」「1週間に2日は仕事の後スポーツジムに寄る」「毎朝20分、犬と散歩に行く」などの目標を自分で立てる支援を行うことが当てはまります。また、セルフ・モニタリングとは、立てた目標に従って、日々の実践状況を自分で記録するようにうながす支援を指します。「1日の歩数を日記に記録する」「スポーツジムや散歩に行った日はカレンダーに○をつける」「毎日、手帳に運動した時間を書いておく」などがセルフ・モニタリングの具体例です。また、自己強化とは、目標の達成状況に応じて自己評価を行うようにする支援のことです。「1日1万歩歩けた日はビールを飲む」「1カ月間、朝の犬の散歩が続いたら自分で自分を褒める」「スポーツジムに行った回数が10回ごとにご褒美を買う」などが、自己強化の例になります。

こういった支援を行うためのツールとしては、歩数計の活用が効果的です。「歩数」は直感的でわかりやすく、かつ、客観的な指標です。そのため、「歩数」という数字を使うことで、目標設定、セルフ・モニタリング、自己強化をうながす支援を容易に行うことができます。歩数計を用いた身体活動や運動支援の効果を検討した論文も報告されています。[2] この論文は、これまで行われてきた、歩数計を用いた支援を提供した研究8編を集め、支援による歩数の増加効果を分析しています。なお、これらの研究の支援の内容としては、1日の目標歩数を設定したり、日々の歩数を記録票に記録したりする内容が一般的でした。分析の結果、平均18週間の歩数計による支援によって、支援前と比較して、1日当たり平均2491歩の歩数の増加が見込まれることが明らかとされています。

高齢者と成人とでは、効果的な支援方法が違う？

これまで説明しましたように、成人を対象とした心理的支援については研究が進み、目標設定、セルフ・モニタリング、自己強化など、変容プロセス・自己調整をうながす支援が特に効果的であることがわかってきています。それでは、高齢者を対象とした場合についても、成人と同じような支援方法が効果的なのでしょうか。または、成人とは異なる支援方法のほうが、より効果的なのでしょうか。

高齢者の場合も、成人と同じように、心理学の理論やモデルの考え方に基づいた支援を行うことで、身体活動や運動の継続を効果的に促進できることが多くの研究で確認されています。ただし、心理学理論やモデルの考え方の中でも、特にどの考え方が重要なのかについては、高齢者と成人とは異なる可能性が示されています。これらの点について、２０１４年に発表されたフレンチらの論文[3]を紹介します。

フレンチらは、高齢者の身体活動に対する心理的支援として、どのような内容のものが行われているのかについて整理しています。具体的には、高齢者の身体活動を高める心理的支援を行った研究16編の内容を吟味しています。16編の研究では、先に挙げた心理学理論やモデルに基づいて、支援がなされています。フレンチらは、16編の研究で取り入れられている個々の支援内容を、CALO-RE taxonomy[7]という分類手法によって整理しました（CALO-RE taxonomy はその後改訂されています）。なお、16編の研究が全体として、心理学理論やモデルに基づく支援によって、身体活動を高めることができていることをはじめに確認しています。

高齢者の身体活動に対する心理的支援の内容が整理された結果、16編の研究のうち、半数以上の研究で用いられている支援方法は、「練習やリハーサルをする支援」（13編）、「時間や場所などについての目標を設定するようにうながす支援」（12編）、「効果やメリットなどについての一般的な情報を提供する支援」（11編）、「どのように行うかについて指導する支援」（11編）、「妨げとなりうる要因を探し、その解決法を考える支援」（10編）、「周りの人からの手助けを得たり、一緒に行ったりするようにうながす支援」（10編）、「実施状況を、自分で記録・確認するようにうながす支援」（９編）の７種類でした（**表1-2**）。

さらに、それぞれの支援方法のうち、どの支援方法が、身体活動を高めることと関連しているのかを検討し

表1-2　高齢者の身体活動・運動をうながす研究で主に用いられている支援方法[3]

行動変容技法の種類	用いている研究の数(*n*=16)	身体活動・運動をうながす効果
身体活動や運動について，練習やリハーサルをする支援	13	効果なし
身体活動や運動を行う時間や場所などについての目標を設定するようにうながす支援	12	効果なし
身体活動や運動の効果やメリットなどについての一般的な情報を提供する支援	11	不　明
身体活動や運動をどのように行うかについて指導する支援	11	不　明
身体活動や運動を行うことの妨げとなりうる要因を探し，その解決法を考える支援	10	効果あり
周りの人からの手助けを得たり，一緒に行ったりするようにうながす支援	10	効果なし
身体活動や運動の実施状況を，自分で記録・確認するようにうながす支援	9	効果なし

文献3で取り上げている16編の研究のうち，半数以上（8編）の研究で用いられていた支援方法を表記。

た結果、これら7種類の支援方法の中では、「妨げとなりうる要因を探し、その解決法を考える支援」のみが、身体活動の向上に効果的であることが示されています。これは、例えば天気が悪い時、体調が優れない時、急な用事が入った時など妨げとなりうる要因をリストアップし、これらの時にどういう対応をするのかを一緒に考える支援のことです。一方、残りの6種類のうち、「練習やリハーサルをする支援」「時間や場所などについての目標を設定するようにうながす支援」「周りの人からの手助けを得たり、一緒に行ったりするようにうながす支援」「実施状況を、自分で記録・確認するようにうながす支援」は、身体活動の向上に効果的ではないことが確認されています。なお、16編のうち、半数未満の研究でのみ行われていた支援の中では、「デモンストレーションやモデルを提示する支援」と、「身体活動の目標の達成状況に応じて特典を与える支援」も、身体活動を増やす上で効果的であることも報告されています。

前項で紹介したように、「時間や場所などについての目標を設定するようにうながす支援」「実施状況を、自分で記録・確認するようにうながす支援」は、変容プロセス・自己調整を高める方法として一般的である、目標設定やセルフ・モニタリングに当てはまる内容です。そのため、以上の高齢者の結果は、成人を対象とした研究とは異なることがうかがわれます。

高齢者では目標設定やセルフ・モニタリングが重要ではないことが示された理由として、この論文では次の二つの可能性が指摘されています[3]。一つ目は、高齢者は実行機能が低いためである可能性です。実行機能とは、ある目標に向かって計画を立て実行する能力を示す脳の機能のことで、身体活動についての目標設定やセルフ・モニタリングなどを行うために必要な能力と考えられています。そのため、特に実行機能が低下した高齢者に対しては、目標設定やセルフ・モニタリングなどをうながす支援は効果的ではない可能性があると指摘されています。

二つ目の可能性に関して、目標設定やセルフ・モニタリングなどをうながす支援方法は、特に、仕事や家事などで十分に時間のない人に対して、重要な支援方法であると考えられています。高齢者は、時間的にはゆとりがあるケースが多いことから、高齢者のほうが、成人よりもこれらの支援方法の重要性が低い可能性があります。これら二つの可能性があるため、フレンチら[3]は、成人を対象とした研究とは異なる視点から、高齢者に受け入れられやすい身体活動の支援方法について、今後検討していくことが必要であると結論づけています。

4　高齢者の身体活動・運動を支援する心理学の今後

高齢者の特性に応じた支援

第3節では、身体活動や運動に継続的に取り組むための心理的支援の重要性について指摘し、その具体的な支援として、成人の場合では、目標設定、セルフ・モニタリング、自己強化など、変容プロセス・自己調整をうながす支援が効果的であることを紹介しました。ただし、高齢者の場合では、これらの支援が必ずしも効果的に働かない可能性も明らかにされ始めています。そのため、さらなる検討が必要と考えられていることも紹介しました。

今後、高齢者の身体活動や運動に対する心理的支援を検討していく上では、高齢者の特性に応じて効果的な方法がそれぞれ異なる点に注目することが大切と考えられます。例えば、前節で紹介したように、フレンチら[3]は、高齢者の実行機能（脳の機能の一部）や時間のゆとりの程度によって、目標設定やセルフ・モニタリングをうながす支援の効果が異なる可能性を指摘しています。また、他の研究では、高齢者の自宅の周りの環境（きれいな公園、整備された歩道など）の整備状況や、体の機能の状況によっても、身体活動や運動の効果的な支援方法が異なる可能性が指摘され始めています。これらの指摘を踏まえると、身体活動や運動の効果的な支援方法はすべての高齢者に均一なのではなく、むしろ、効果的な支援方法は、高齢者のさまざまな特性（環境、体や脳の機能、生活形態など）によって、それぞれ異なることが予想されます。

しかし、身体活動や運動の継続を支えるには、どのような特性をもつ高齢者に対して、どのような内容の心理的支援が効果的なのかについては、ほとんど明らかになっていません。こういった観点から支援方法を考える上では、本章で述べた心理学理論やモデルでは対応しきれないため、新しい理論・モデルが必要となるでしょう。今後は、高齢者の特性によって最適化された支援方法について、これまでの枠組みにとらわれない、斬新な研究成果が生み出されることが期待されます。

心理的支援の普及の可能性

本章で紹介したような、身体活動や運動に対しての心理的支援に関する知見を、より多くの高齢者に役立てるためには、一部分の専門家にしか提供できない支援内容ではなく、比較的誰でも提供できる支援内容である必要があります。また、支援による効果が状況によって変わりやすい支援ではなく、どのような状況であっても、安定して望ましい効果が得られる支援である必要もあります。このようなことが確認されて初めて、心理的支援は広まる可能性があると言うことができるでしょう。

研究によって開発・検証された支援方法が、実際の社会で、どの程度、普及しうるものなのかを確かめる枠組みとして、RE-AIM[4]という枠組みが有名です。RE-AIM は、Reach（想定した人々に対して、漏れなく支援を提供できたか）、Effectiveness（支援した人は等しく効果を得ることができたか）、Adoption（どのくらいの組織や提供者が、支援を提供したか。一部の組織・提供者に偏っていないか）、Implementation（提供された支援の質は、組織・提供者によってまちまちではなかったか）、Maintenance（支援の提供は無理なく続けられそうか。また、効果は持続するか）の五つの観点から、普及の可能性を評価する枠組みのことです。

RE-AIM に基づいて、身体活動や運動に対する心理的支援が広まる可能性を検証した論文[1]によると、それまで普及する可能性という観点が重視されてこなかったため、少なくともこの論文が書かれた時点では、身体活動や運動に対する心理的支援が広まる可能性があるかどうかについては、まだよくわかっていないようです。そのため、今後は、どのような種類の支援が広まる可能性の高い心理的支援なのかや、どのようにしたら心理的支援の普及する可能性が高まるのかといった観点から、高齢者の身体活動・運動に対する心理的支援のあり方について検討が進んでいくことが期待されます。

第2章 健康長寿のための食生活支援

【加藤佐千子】

1 はじめに

現代の食生活は大変豊かで便利になりました。今や自宅にいながら世界中の食品を手に入れることさえ可能です。かつては、食材を入手するには、肉や魚や野菜を各小売店で購入するのが一般的でした。しかし、昭和30年代にスーパーマーケットが開店し、これ以降一つの店だけで必要な材料を購入できるようになりました。昭和45年頃にはファミリーレストランやファストフード店が開店し、気軽に外食を楽しめるようになり、また、コンビニエンスストアの登場により、必要な時にはいつでも食料を入手できるようになりました。さらに、電気炊飯器など家電製品の進歩は家事の時間短縮に貢献し、冷蔵庫や電子レンジの活用は家庭の食事内容を豊かにしてきました。

最近では、長期保存が可能なロングライフ食品（レトルトパウチ食品など）や、栄養補給効果のある栄養機能食品、健康への効果のある特定保健用食品、特別の用途に適する特別用途食品の開発も進んでいます。食材料の生産、加工、流通の各工程において、食品の品質向上や安全性の確保などのための多様なサービスが付け加えられ、より安全で価値のある食品が出回るようになりました。このように利便性、簡便性、安全性、健康性などが付け加えられ、高齢者を含む消費者全体にとって歓迎すべき商品が数多く提供される時代へと進歩を遂げてきました。

しかし、望ましい発展とともに食生活と関わるさまざまな問題点（欠食、孤食などの食行動や生活習慣病、食品偽装や食に関する誇大情報など）も指摘されています。これらの問題は高齢者も無縁ではありません。さらに、高齢者においては老化による生活機能の変化や疾病、独居など、若い時には経験しない事柄が食生活にさまざまな問題を生み出しています。超高齢社会の到来により、健康長寿がますます望まれる中で、いかにして高齢者の食生活や食生活を取り巻く環境を理解し、改善し、支援していくかが課題と言えましょう。

そこで、第2章では、高齢期の食事と低栄養、加齢や老化がもたらす身体機能の変化と食生活との関連、高齢期の食生活と心理的な問題について紹介しながら、食生活を通した健康長寿への心理的支援の可能性について考えてみたいと思います。

2　高齢期の食事と低栄養

食習慣の状況

まず、「平成25年国民健康・栄養調査」の結果[5]をもとに、若者と高齢者における各種食品群の摂取状況を図２-１

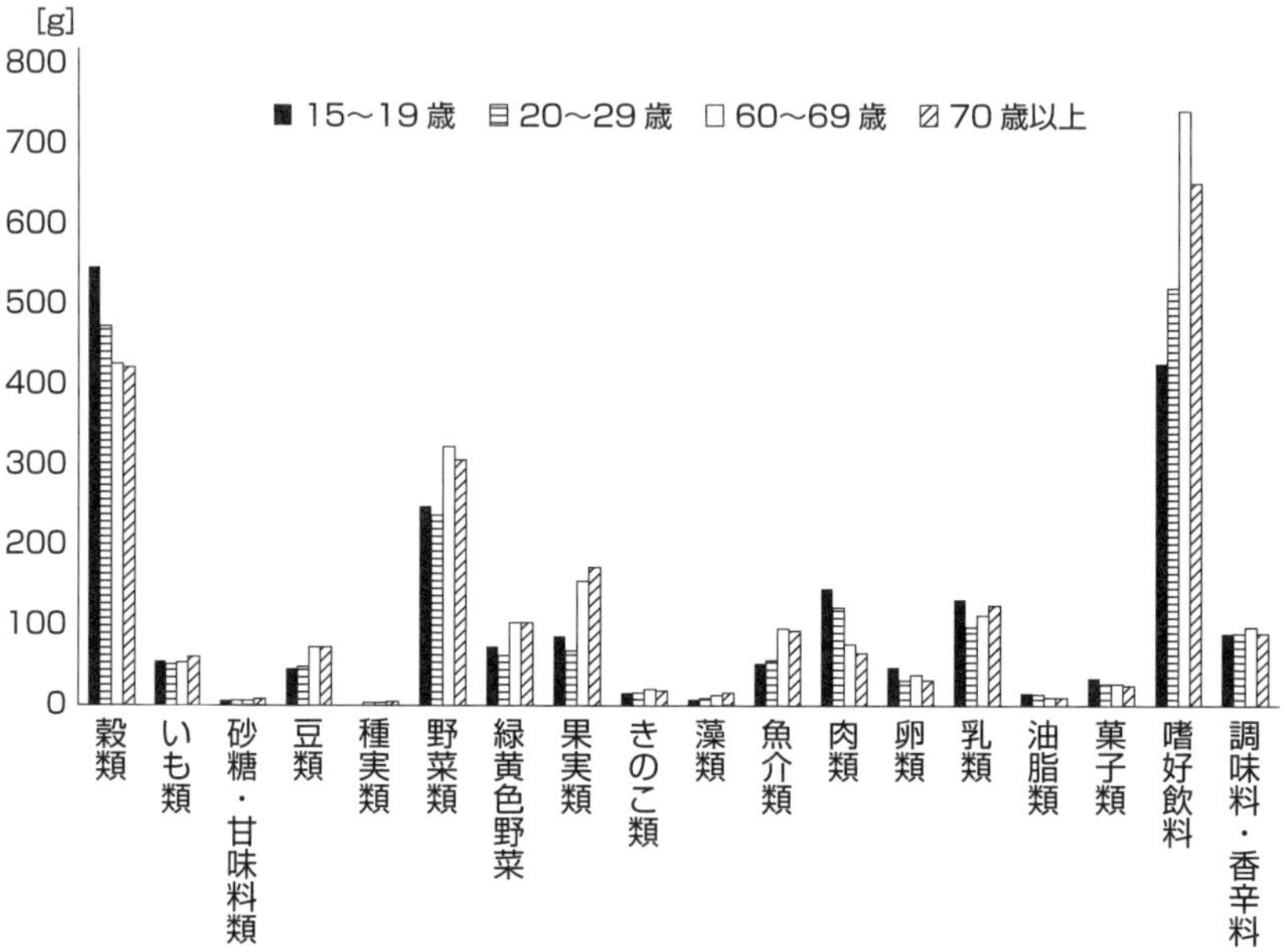

図 2-1　食品群別の摂取量（[g] 1人1日あたり平均値）
（文献 5，68-71 頁をもとに著者作成）

に示しました。穀類、肉類、油脂類の摂取は10歳代、20歳代で多く、野菜、緑黄色野菜、果実、嗜好飲料、豆製品、魚介類の摂取は高齢層で多くなっています。また、同じ調査によると朝食を欠食する人は、[5] 20～29歳男性が30・0％（女性は25・4％）に対して、70歳以上男性は4・1％（女性は3・8％）です。さらに、「3食ともに穀類、魚介類・肉類・卵・大豆（大豆製品を含む）、野菜を組み合わせて食べている」人の割合は、[5] 20～29歳男性が28・2％（女性は24・6％）に対して、70歳以上男性は48・3％（女性は47・1％）です。

しかし、どの年齢層においても、「健康日本21（第二次）」が示す野菜の摂取量の増加（目標値は1日に350g以上）や食塩の摂取量の減少（目標値は1日8g）という目標を達成できていません。また、70歳以上の高齢者のうち「低栄養傾向」の人は17・6％、85歳以上では29・8％存在し、[5] 高齢層ほど栄養状態に問題を抱える人の割合は高くなります。

以上の結果を見ると、全体的には高齢者の食品摂取の状況は悪くはなく、若者よりも良い食習慣であると言えるかもしれません。実際に、65歳以上の高齢者のうち、多くの人たちは元気に地域で自立生活を送っています。しかし、高齢になるほど低栄養傾向の人の割合は高くなりますから、高齢者自身は健康な時から、加齢による変化や影響を考慮しながら、健康長寿を目指す食生活を実践しなければならないでしょう。また、食生活支援はとても健康な高齢者と、そうではない虚弱な人と、その中間に位置する人たちに対して異なったかたちで行う必要があるでしょう。若い年齢層の人たちは、高齢者の食生活が自分たちの世代とどのような点で異なっているのかを深く理解し、その上でどのような心理的支援ができるかを考えていかねばならないでしょう。

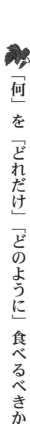

「何」を「どれだけ」「どのように」食べるべきか

普段私たちは、「今日はたんぱく質、ビタミン、カルシウムを食べよう」というように、自分に必要な栄養素の摂取を第一の目的として食事をするということは少ないと思います。実際には「お腹がすいた」から食べ、「食事の時間が来た」から食べています。また、「○○に良さそう」「××病に効くらしい」「△△で放送していた」など、食情報に左右されて食品や食事を選んでいます。さらに、便利で入手しやすい食品を購入している、あるいは新製品を試してみたいなど、その時々の都合や動機、興味・関心に応じて摂取しています。健康に配慮する時もありますが、たいていは「健康な食事」を強く意識することなく食べるのではないでしょうか。では、高齢期の食事は1日に「何」を「どれだけ」「どのように」食べるのが望ましいのでしょうか。

毎日食べる食品や料理を選ぶ時、「食事バランスガイド」[9]（1日に「何を」「どれだけ」食べたらよいのかを、コマの形と料理の絵で表したもの。コマには1日に食べることが望ましい料理の組み合わせと、おおよその量が示されている）を利用して主食（ご飯など穀類）、主菜（肉や魚を主材料としたおかず）、副菜（野菜を主材料としたおかず）、牛乳・乳製品、果物の５つの調理グループの「数」を整えると、栄養素をバランスよく摂ることができます。

高齢者の場合、１日に主食は４～５つ（ＳＶ）（普通盛りのごはんなら３杯程度。「つ（ＳＶ）」とは「サービング」の略で、食事の提供量の単位。小盛りのごはん１杯は１つ、普通盛りのごはん１杯は１・５つと数える）、副菜は５～６つ（ＳＶ）（野菜料理５皿程度）、主菜は３～４つ（ＳＶ）（肉・魚・卵・大豆料理から３皿程度）、牛乳・乳製品は２つ（ＳＶ）（牛乳だったら２００mL程度）、果物は２つ（ＳＶ）（みかんだったら２個程度）を摂るとよいのです。なお、食事バランスガイドは、原則として健康な人が利用することを想定していますので、糖尿病や高血圧などで医師や管理栄養士の指導を受けている人は、その指導に従い、各料理区分の適量範囲を自分で判断しないようにしてください。

生活機能の自立を維持するために、高齢期には動物性たんぱく質や脂質を適度に摂取する必要があり、肉や魚を主材料とした主菜を積極的に摂るようにしたいものです。しかし、１日３食のうち、１食に主菜が２品以上あるような献立になると、バランスよく栄養素を摂取できても、摂取エネルギー量が多くなってしまうことがあります[1]。また、野菜はミネラルやビタミンが豊富で食物繊維の摂取にも効果的な食材です。しかし、野菜ばかりを食べるとそれだけで満腹感が得られ、エネルギー不足になることもあります。体に良いからといって食べすぎると他の食品の摂取量が少なくなってしまう恐れもあり、注意しなければなりません。また、活動量や体格によっても必要な摂取量は異なりますから、先に述べた量はあくまで目安量であるということです。栄養素や食品数、食品の種類に気を配るということはとても重要ですが、こればかりに気をつけるとおいしさや食べる楽しみが薄れてしまうこともあります。「食事を楽しむ」「食べたいものを食べる」ということが高齢者の食事の満足度につながりますから、サポートする側は、このような主観的な事柄にも配慮できるとよいでしょう。

表 2-1　高齢者の低栄養の要因

社会的要因	疾病要因
貧困 独居 介護不足 孤独感 栄養に関する知識不足	臓器不全 炎症・悪性腫瘍 薬剤効果 歯科的な咀嚼の問題，嚥下障害 身体障害 疼痛
精神的・心理的要因	**加齢の関与**
認知機能障害 うつ 窒息の恐怖	嗅覚，味覚障害 食欲低下（中枢神経の関与）

（文献 10 をもとに著者作成）

低栄養になるとどうなるのか

低栄養状態は、たんぱく質とエネルギーの摂取不足によってもたらされます。たんぱく質やエネルギーが不足すると体の筋肉や脂肪量が減少します。このため筋力や筋肉量が減少し（このような状態をサルコペニアと言います）、ADL（Activities of Daily Living：食事、排せつ、着替え、入浴、洗面、簡単な歩行など、日常的な身体の基本動作のことです）の自立度が低下します。また、サルコペニア状態は、ふらつきやすく、転倒しやすいので、骨折を起こしやすくなります。さらに、高齢者は一般成人と比較すると免疫力が低いため、低栄養状態になると免疫力はさらに低下して、疾病の回復が遅れることや、単なる感染症であっても死亡にまで至ることもあります[10]。また、悪性腫瘍による死亡、循環器疾患による死亡、その他の死因による死亡と低栄養との関連では、いずれも「高栄養群」に比べて「低栄養群」の死亡率が高く、特に、心血管病の死亡リスクは、低栄養群が高栄養群に比べて2・45倍[13]ということです。死亡の原因は疾病でも、低栄養状態が死亡リスクを高めるのです。

低栄養の原因は**表2-1**[10]に示したような事柄です。高齢者の生活機能の状態や心理状態が悪化すると食べることを妨げ、さらに悪循環が起こり、低栄養状態に陥ってしまいます。反対に、低栄養を改善できれば、ＡＤＬや生活機能の改善が期待できます。したがって低栄養につながってしまう食生活を改善するには、社会的要因、精神的・心理的要因、疾病、加齢など、いずれの要因が関わっているのかその原因を明らかにし、それらへのさまざまな対策が講じられなければなりません。

3　加齢や老化による機能の変化と食生活

摂取すべき量や種類を理解していても、私たちの体は、加齢（ここでは、受精から全生涯にわたる時間の経過に伴って起こる後戻りしない変化のこと）や老化（ここでは、成熟期以降に加齢に伴って起こる諸機能の低下や衰えで、人の生存に不利となり死の確率が増す変化のこと）によって形態的、機能的、精神的な変化が生じるため、若い時のように食べられなくなることがあります。中でも、老化による機能的な変化は、食べることに直接影響を及ぼします。さらに、現時点では良い場合でも、近い将来には加齢や老化による変化が高齢者の食生活を悪化させてしまいます。以下に、機能的な変化が食生活にどのような影響をもたらすのかについて見てみましょう。なお、加齢や老化による変化や影響は個人差が大きく、すべての人に一様ではありません。高齢者を理解する時や関わる時には、思い込みや偏った考え方をもたないようにしなければなりません。

視覚・嗅覚・聴覚・味覚の機能が低下すると食事も変化する

加齢によって一般に視力は低下します。瞳孔の縮小による光量の減少、水晶体の屈折力や光透過性の低下、視細胞の数や視神経の数の減少などが原因です。このような変化は、65歳以上になって生じるというより、もっと早くから発生し、一般に眼鏡などによって視力を矯正することによって補うことが可能です。しかし、白内障や緑内障は後期高齢者で発生しやすく大きな問題となります。見えにくさに加えて、色の識別が難しくなり、さらに、照明が暗くなった時にはより見えにくくなるということがあります。このような状況は、食品のラベルや説明書を読みづらくし、提供された料理の外観（色彩や盛り付けなど）から得られるおいしさを感じにくくします。よく見えないと自分の嗜好に合うものかどうかや食品の傷み具合の判断もうまくできないということもあります。ガスの炎がはっきり見えにくく、点火したのを忘れて料理を焦がすといった失敗につながることもあります。

嗅覚に関しては、加齢によって嗅細胞の減少や嗅球ニューロン（嗅球とは脳にあり、匂いを感知する神経系のこと。ニューロンとは神経細胞のこと。嗅球ではニューロンが新生される）の減少によって、臭いに対する感受性や臭いを区別する能力が低下します。このため、料理の風味（フレーバー）や食品から発する揮発成分（香気成分）を感じにくくおいしさが損なわれます。台所でガス漏れや火事のような命を脅かす出来事に気づくのが遅れるということもあります。

聴覚は感覚受容細胞（内耳で聴覚の役割を果たす、蝸牛の中にある有毛細胞のこと。この細胞によって、音や振動は電気信号に変えられる）の減少や、ラセン神経節ニューロン（蝸牛内部にある神経細胞のこと。有毛細胞から電気信号を受けとる）の退化などによって低下します。老人性難聴となると、食事中の会話についていくことができませんから、一緒に楽しんで食事をすることができないということもあります。また、食事を準備する音（調理の切る音や煮る音など）や、食品から出る音（肉を焼く音など）が聞こえにくい状況となります。

味覚には甘み、塩味、酸味、苦味の四種の基礎感覚があり、個人差はありますが、老化によって味蕾細胞（口の中に取り込まれた化学物質の刺激を受けとるところ）が減少するために、味覚の閾値（ある味を感じさせる最小の刺激量）が上昇することがあります。人は味の強さでその料理の好みを判断し、食べられるものかどうかを識別しています。味覚の閾値が上昇すると、濃い味を好むようになることや、味が少し変化した食品を識別できないということも起こりうるのです。ただし、閾値が若い時よりも上昇し、苦みの感じ方がやや劣ることによって、苦みの強い食品をおいしく食べることができるという効果もあります。

　味覚や嗅覚が利かなくなると以前よりも食事の味が魅力的ではなくなります。ほのかな風味を味わえなくなった人は、友人と食事をしなくなりがちであるという報告[12]もあり、人と交わる社会的な場を失ってしまうこともあります。突然薄味にすると、食事がおいしく感じられませんから食欲も減退するでしょう。さまざまな調味料や健康に良い食品添加物を使用して、味覚の損失をある程度補い、食事の楽しみを増加させることが必要でしょう。塩分をひかえたほうがよい高齢者に対して大切な関わり方は、例えば「塩分摂りすぎですよ」といきなり注意するのではなく、「最近体調はどうですか?」など、まず相手をおもんぱかる質問から始め、じっくりと相手の話を「傾聴」し、十分話した後で味覚や塩分摂取の話題に進むのがよいかもしれません。

　なお、老化による影響ではありませんが、薬物の服用が味覚機能を低下させたり変化させることがあります。高齢者が服用することの多い薬物（例えば降圧利尿薬、冠動脈を拡張させる薬、睡眠薬、抗リウマチ薬、抗パーキンソン病薬など）は亜鉛と反応して化合物を合成し、体内の亜鉛を過剰に排泄してしまいます。亜鉛はたんぱく質などの合成や細胞分裂に関わる重要な物質のため、味蕾細胞の新陳代謝を遅らせてしまい、細胞を十分に作ることができない結果、味覚障害を引き起こすと言われています。高齢者が異常に濃い味付けを好む場合は、亜鉛不足による味覚障害も考えられますから、その料理を食べる理由をよく「聴いて」原因を確かめる必要があるでしょう。

口腔機能が低下すると栄養不足になる

私たちは食品を口に取り込んだのち、歯、舌、顎などを巧みに動かし、咀嚼（嚙むこと）や嚥下（飲み込むこと）を行っています。歯が少ない場合や歯の状態が悪いと、本人が嚙みにくい食品を避けるようになるため、食べることのできる食品の種類が減少します。食べられる硬さに仕上げられるように調理しなければならないので、料理法も制限されてしまいます。(7) また、咀嚼の回数が少ないと唾液の分泌も十分ではなくなり、食物をうまく唾液と混ぜ合わせて、飲み込みやすいかたまり状にできないということが起こります。さらには、嚥下力が弱いこととも重なり、むせやすいというような現象が生じ、嚥下に不安を感じるということにつながります。このように、口腔の機能低下が起こると、食品や栄養の摂り込みが適切にできなくなり、エネルギーや栄養素の摂取不足につながり、低栄養のリスクを高めます。嚥下に障害がある人に対しては粉砕した食事を提供したりします。しかし、こうした食事は淡い一色を呈し、どろどろです。見ただけで食欲は失せ、気分も悪くなりそうです。まず粉砕前の食事を高齢者に見せてから、その後、ミキサーにかけて提供するとか、ミキサーでどろどろ状にした後、ゼラチンなどを利用して固め、型で抜いて仕上げることによって、食欲をそそる工夫をする方法もあります。高齢者は、これまでの経験から、食品の色や形や味の記憶があります。要介護者を支援する側は、提供の仕方を工夫して見えない物を見えやすくする工夫や、記憶を利用して外観や色などを想起させるような説明をするなどの働きかけができるのではないでしょうか。

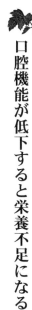

消化・吸収機能が低下すると栄養素の吸収も低下する

老化に伴って消化管の粘膜や平滑筋（自分の意思で動かすことができない筋肉のことで、心臓以外の内臓筋のこと）の委縮などによって、消化管の蠕動運動が低下します。また、胃液の分泌も低下し、一般に消化能力が低下します。例えば、60歳代の人の胃酸の分泌量は、20歳代の人に比べて50％まで低下すると言われています[8]。

栄養素別の吸収効率では、たんぱく質や脂肪は加齢によって変化しませんが、炭水化物の吸収効率は低下します。また、加齢に伴って食事量が減少するとか、日光を浴びる時間が少ないことなどが原因でビタミンDの不足になることがあります。これに加えて、加齢のために肝臓と腎臓でのビタミンDの活性化が低下すると（活性ビタミンDは腸管でのカルシウム吸収を助ける働きがあります）、腸管でのカルシウム吸収効率が低下してしまい、骨粗鬆症になりやすくなる場合もあります。

高齢者は自立維持の観点から、このようなさまざまな機能の低下を遅らせ、低栄養状態を回避していかねばなりません。高齢者と一緒に暮らす人々も正しい認識をもつことは不可欠です。また、栄養摂取に問題が生じていることを周りの人たちが察知した時には、単なる老化のために生じているのか、歯の喪失が原因なのか、あるいは別の原因なのか、そしてそれを本人はどのように感じているのか、その心理状態についても「傾聴」して把握する必要があるかもしれません。次の節では食事と心理的な問題との関連について見てみましょう。

4　心理的な問題と食生活

高齢者が活動的で健康的な生活を維持するためには、十分な栄養のある食品や料理を自分で「入手できる」

「摂取できる」という安心感が重要です。現在の食品市場では多種多様の食品が販売され、大変便利で、消費者にとって歓迎すべき食品が多く提供されています。しかし、高齢期には、活動量や活動範囲の制限、健康問題が適切な食品摂取を妨げることがあります。加えて、配偶者との死別、仕事や役割の喪失など、人生の晩年に生じるさまざまな状況が不安や孤独感や抑うつを生み、食生活に影響を与えることがあります。

食と関連する不安感

まず、現実的な問題として、経済的な不安が発生することがあります。例えば、年金生活などで収入が限られている場合、他の事柄の費用を優先すると、食品に自由に費やせる金額が制限されてしまいます。このような場合の食事は、空腹を満たすことに主眼をおいた食事となりがちで、栄養バランスを欠くことが多いものです。私たちの研究[3]では、男性高齢者の場合、食品を選択する際に「経済性」のことを「重要視する」人のほうが、摂取していた食品のバランスが悪かったという結果が出ています。自由に使える金銭が少ないということは、食べるものから節約し、栄養バランスの偏った食生活となる可能性が高いと言えましょう。

次に、高齢者の中には「以前のように食料品を確保できないかもしれない」という不安を抱く人があります。店が自宅から遠い、移動能力に問題を抱えている（膝の関節に炎症が生じ、痛みで歩くことに障害があるなど）、移動手段がない（自家用車がない、高齢のため運転できない、公共交通機関が不便であるなど）などの問題は、本人が希望する店舗に希望する時間帯に行くことを困難にします。また、店舗に到着しても毎日必要な野菜や米や牛乳などは持ち運ぶのに重く、野菜類はかさばるため一人で自宅まで運べるだろうかという不安も生じます。包装されている食材の分量は一人分では多すぎるので食材が無駄にならないだろうか、反対に少量の食材購入は割高となってしまいそうだというような家計面での不安を助長しかねないでしょう。

また、高齢者の中には、自分の食事状況の不完全な状態や、健康にとって適切な食品が不足しているということを知り、心配や不安を感じる人がいます。不適切な食品選択を認知していることに対して、憤りや困惑や喪失感を感じており、その一方で、現状に妥協しなければならないと感じている人もいるようです[6]。

このように高齢者の中には摂取状況についての不安や心配を抱き、改善できる見通しがないことに諦めを感じている人がいます。支援者側は、解決すべき問題に優先順位をつけて検討する必要があるかもしれません。

家族との死別による調理負担、役割喪失、孤独感が食生活を変えてしまう

「適切な食事を準備できない」という原因には、健康問題や食材確保の問題に加えて調理能力が考えられます。妻と死別した男性高齢者の食品摂取の状況が、妻と同居する人よりも悪いと言われていることにはこうした理由が多いです。また、性別役割分業意識（「男は仕事、女は家庭」という意識のこと）のために、男性は食生活に関して家族や妻に依存的、受け身的な過ごし方をしてきたことや、調理をしようという動機が低いため、妻や家族が食事の世話をしてくれない状態になり、加えて、バランスの良い食事の調達が不得意であると、食品摂取の内容が悪くなってしまうのです。なお、全員がそのような状況ではなく、料理の上手な男性高齢者もいますし、妻の死後、料理を自分の仕事ととらえて取り組む人もいます。

一方、食事の準備が得意な女性でも、夫と死別すると栄養素の偏りが生じ、食事内容が悪化する人がいます。私の研究[2]では、高齢女性は、食事づくりに配慮するということは夫の体調や夫の好みに対応したものを作ることであって、いつも、夫を中心とした食事づくりをしていると話す人がいました。その人は、夫が入院すると、自分一人の時は簡素な食事で済ますと語っていました。また、死別群と夫婦同居群を比較した研究では[1]、死別群は死別直後には食事をつくる意味をなくし、食事時間を「孤独である」と感じ、単に食べなければならない

から食べているような傾向が認められ、食欲が低下する人もあるということでした。さらに、死別群では食欲がない時に、高脂肪あるいは糖の多い食品を間食に摂る頻度が高くなるなど、食行動や食品摂取にも変化が見られる場合があります。

死別直後は喪失感や孤独感が増し、エネルギーや栄養素の摂取への影響を受ける人もいるのです。このような状況の人に、栄養バランスのことだけを助言するのはむしろ逆効果でしょう。これまで家族のために多くの労力を注いできたことへのねぎらいや死別による悲しみや独りぼっちになった孤独感をケアすることが必要でしょう。老人会や趣味の会へのお誘い、同じ境遇を味わった人々や若い人たちからの声かけが高齢者の心を元気にするかもしれません。いきいきと過ごせるような前向きな気持ちへと転換できるよう支援できれば、食事のアドバイスへも耳を傾けてくれるのではないでしょうか。

孤食と抑うつ

孤食（一人で食事をすること）の問題は、子どもに限ったことではありません。高齢者の場合、家族や配偶者との死別によって独居となり、その結果、一人で食事をしなければならないということが起こります。「孤食」回数が多いほど、「簡素な食習慣（欠食や粗末な食事で済ますなど）」となりバランスの悪い食事となるだけでなく、食欲や食べる楽しみが減少します[11]。その結果、栄養状態も悪くなる可能性が高いので問題視されています。年齢が高いほど、女性ほど、食品摂取の状況が悪い人ほど、孤食になりやすく、また、抑うつの人は、年齢や性別や食品摂取と関わりなく孤食となる可能性が高いです[4]。

孤食の人の食生活を改善するには、抑うつを解決することや、共食の機会を受け入れてくれるように誘うことや、他者との関わりをもてるよう心理的な支援をすることが先決かもしれません。一緒に食事をすることによって、会話が弾み、食事の満足度が高まる効果も期待できますから、高齢者側は一人住まいでも、月に数回、誰かと一緒に食事をすることを受け入れること、そして支援する側は諦めないで継続して高齢者に働きかけることが大切です。

フードファディズム

高齢者にとって、世間にあふれている健康情報や健康と称される食品情報は、健康を手に入れる手段として魅力にあふれています。そのため、これらの情報に左右されることもしばしばあります。たとえば、高齢者に限らず私たちは、何を食べるかを決定する時に、自分に都合のよいように情報を利用し、もっともらしい理由をつけて短絡的に意思決定をしてしまうことがあります。また、知らない間に自分がフードファディズムに陥ることもあります。「フードファディズム」とは、科学的な根拠が不確かであるにもかかわらず、食品や栄養が病気や健康に与える影響を過大に信じ、評価をしてしまうことを指し、その食品が本来もつ機能や役割を超えた期待をして食品を選択することです。私たちは、情報を客観的に判断して取り入れているように見えて、実は危うい情報に惑わされ、知識不足も相まって「主観的な気持ち」で判断し、期待する効果が得られないにもかかわらずその食品を選んでしまうのです。

情報に振り回されて、安易に実践してしまわないようにするには、正しい情報か否かを見分ける確かな目（知識）が必要です。健康は、ある種の健康食品を摂取したからといって簡単に得られるというものではありません。マスコミの食情報や健康情報を「参考にする余裕」と、完全に支配されることのない「毅然とした態度」で情報を取捨選択することが大切でしょう。高齢者を支援する人たちは、感覚的な判断を行うに至る理由やその心の状況を受け止めて、高齢者がどのようにしたいと思っているのか、それを理解する必要があるでしょう。

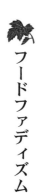

5 おわりに

本章では、高齢期の食事と低栄養、加齢や老化がもたらす身体機能の変化と食生活との関連、高齢期の食生活と心理的な問題について解説しました。このような知識がなければ、老化が食生活にどのような影響をもたらすのかということや、高齢者の食生活の状況を真に理解することが難しいと言えましょう。高齢者は、家族や友人や近隣との関係性、および食習慣を、長期間のさまざまな経験や価値観とともに構築してきています。それにもかかわらず、高齢期には食事づくりの意味や食習慣を問い直し、食行動の変更を求められることが起こります。さらには、その食行動の裏には不安感や喪失感や孤独感や困難さなどの心理的な問題がひそんでおり、それぞれの食行動に悪影響を及ぼすこともあります。

高齢者においてその食生活でぜひ実践してほしいことは、サルコペニアや虚弱（フレイルティ）に陥らないことを念頭においた食事を摂ることであり、かつその食事は満足感が得られるような内容や食べ方とすることです。一方、高齢者を取り巻く人々や高齢者を支援する人たちには、献立の立案、買い物、調理、後片付けなどの作業を行う際、あるいは食べる時に、高齢者は、「なぜその食品を選ぶのでしょうか」、あるいは「なぜ食べようとしないのでしょうか」、というように高齢者の心理を理解して関わることが望まれるでしょう。人々の食行動には必ずと言ってよいほど理由があります。食生活の支援や食行動の改善や介入の際、その理由を把握し、心理的支援（情緒的サポート）を加えることによって、高齢者の食生活や心身の健康は適切なものとなり、健康長寿を目指せるのではないでしょうか。

第3章 百寿者から学ぶ健康長寿とは

【権藤恭之】

1 はじめに

「百寿者」とは100歳以上に到達した人たちを指す造語です。沖縄で1970年代から現在に至るまで百寿者を対象に精力的に長寿研究をされている、日本の百寿者研究のパイオニアである医師の鈴木信先生が作られたとうかがっています。英語ではCentenarian（一世紀人）と呼ばれます。現在、世界のさまざまな地域で百寿者研究が行われていて、それらの多くは健康長寿の秘密（Secret of healthy aging and longevity）を明らかにすることを目的としています。健康長寿の秘密は、秦の始皇帝の時代から多くの人々の関心を集めてきました。本章のタイトルも、「百寿者の心理から学ぶ健康長寿の条件」です。ちまたには、禁煙、適度な飲酒、カロリー制限といった食に関することから、くよくよしない前向きな態度といった日常生活における態度まで、健康長寿を達成するためのさまざまな情報があふれています。皆さんの中にはそのような内容を期待されて本章

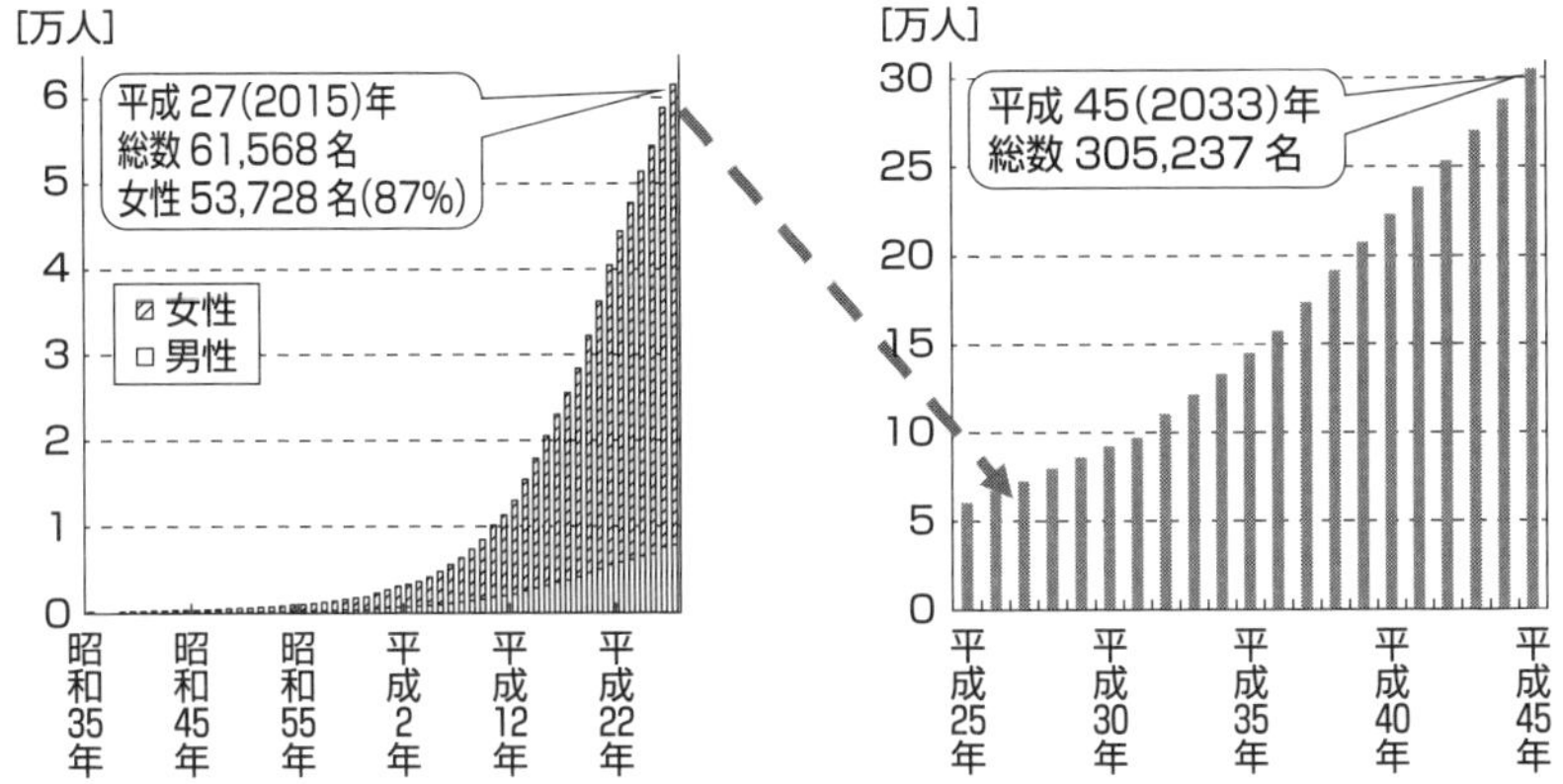

図3-1　我が国の百寿者人口の推移と今後の予測

を読んでいる方もいらっしゃるかもしれません。期待を裏切ることになって申し訳ないですが、本章の目的は現代の養生訓を紹介することではありません。本章では百寿者の調査を通してわかってきた、超高齢社会における健康長寿の在り方について紹介します。

それには理由が二つあります。第一の理由は今後の日本の長寿化に関係します。**図3-1**の左には１９６０（昭和35）年から２０１５（平成27）年までの日本の百寿者人口の推移、右には、２０１３年以降の百寿者人口の予測を示します。２０１５年現在、すでに６万人を超える百寿者が日本にはいらっしゃいます。驚くべきことに、国立社会保障・人口問題研究所によれば、２０３３年には百寿者人口は30万人を上回ると推定されています。１００歳以上の人口の年齢ごとの分布から、１００歳以上の人口の約３分の１は１００歳ちょうどの人々と推定されますので、１９３３（昭和８）年の出生数（約２１０万人）から計算すると、同年生まれの人のうちの約21人に１人が１００歳になると予測できます。つまり、誰もが百寿者になる超長寿社会がそこまで迫ってきているのです。そして、超長寿社会では、「どうすれば百寿者になれるか」よりも、「百寿者になったらどうなるか」を知ることが非常に重要です。

第二は、人生百年時代をしあわせに生きることと関係します。私はこれまで多くの百寿者の方々とお会いしてきました。その中には男性の世界最長寿の記録である116歳の生涯を全うされた木村次郎右衛門さん、特別養護老人ホームの個室で何カ月も意識のない状態で経管栄養を受けて生きていた男性、身寄りがなく隣家の方の世話を受けていた女性、耳が遠いため、会話中に聞き取れた断片から内容を推測して会話されるので、人との会話を自問自答のようだと話された女性など、非常にお元気な方から、寝たきりの方までいらっしゃいました。お元気だったとしても、若い頃のように健康で自立した生活を送れる人は数えるほどです。厚生労働省が20歳から80歳代までを対象に実施した「健康意識に関する調査[11]」では、しあわせの度合いの判断に影響する要因として55%の人が健康状態を挙げています。しかし、後で詳しく紹介しますが、百寿者は健康状態の低下が顕著であるにもかかわらず、しあわせに過ごしていらっしゃる方が多いことがわかってきました。このことは、ぴんぴんとした百寿者を目指すことは大事ですが、そうなれなかった場合には別の目標があることを示しています。それを知っていることが、人生百年時代には重要です。

加齢現象や高齢期の諸問題を学際的に研究する学問は、「老年学」(Gerontology) と呼ばれています。老年学においては高齢者の健康や幸福感は「サクセスフルエイジング」(Successful aging) という言葉を用いて、その定義や達成のための条件が研究されてきました。そして、うまく年を重ねている状態をサクセスフルであると表現します。サクセスフルエイジングに関しては現在も議論が続いています。本章ではサクセスフルエイジングの視点から百寿者の健康としあわせに関して考えます。

2　サクセスフルエイジング――バージョン1・0

サクセスフルエイジングに関して、多種多様の定義が存在します。最も古典的な定義は、長寿 (Longevity) です。長生きは確かに重要なことです。「生きているだけでありがたい」とおっしゃる百寿者の方は多いように思います。また、「どんなかたちであれ、生きていてもらえることが大切だ」と、寝たきりで意思の疎通のできない百寿者の方をお世話されている家族の方も、少なからずいらっしゃいました。また、長寿がサクセスフルエイジングを意味するという考え方にも一理あります。人口学でよく知られている現象に、「有病状態の圧縮仮説」（Compression of morbidity）と呼ばれるものがあります[6]。これは、平均寿命が延びると、晩年に生じる不健康な期間が短くなるという現象です。つまり、寿命が長くなると健康な期間も長くなるので、寿命をサクセスフルエイジングの指標と考えることもできるのです。先進国では、時代とともに寿命が延長したことに伴い、そのような現象が観察されています。米国のニューイングランド百寿者研究では、110歳以上生きた方々も含めて、死亡年齢と疾病期間の関係を調べ、長生きするほど疾病期間が短くなることを報告しています[1]。

もっとも、過度な延命治療が疑問視されている今日の日本では、長寿をサクセスフルエイジングの条件だと考える人は多くないでしょう。むしろ、生活の質を重視する人のほうが多いのではないでしょうか。質に関しても、老年学では活動的に高齢期をすごすのがよいか、それとも徐々に社会的な活動から遠ざかるのがよいかというという議論がありました。

これらの議論を経て、ロウとカーンによって1987年に画期的なサクセスフルエイジングのモデルが提案されました（**図3-2**）[14]。簡単に紹介しますと、彼らは、①病気や障害がないこと、②認知・身体機能が維持されていること、③社会との生産的な関わりをもっていること、をサクセスフルエイジングの条件としています。彼らは、サクセスでないとだめだというのではなく、研究によってサクセスフルな状態になるために必要な要因を見出すとともに、それに向けて個々人が努力することが重要であると主張しました。この考えは発表以来、研究者だけでなく一般の人たちにも広く受け入れられています。日本では、2012年には団塊の世代の方々が定年退職される65歳を迎え、お元気な高齢者の方々が増えています。ロウとカーンのサクセスフルエイジングのモデルは、社会的な活動の重要性に着目していることから、身体的な機能が高い高齢者にとっては、

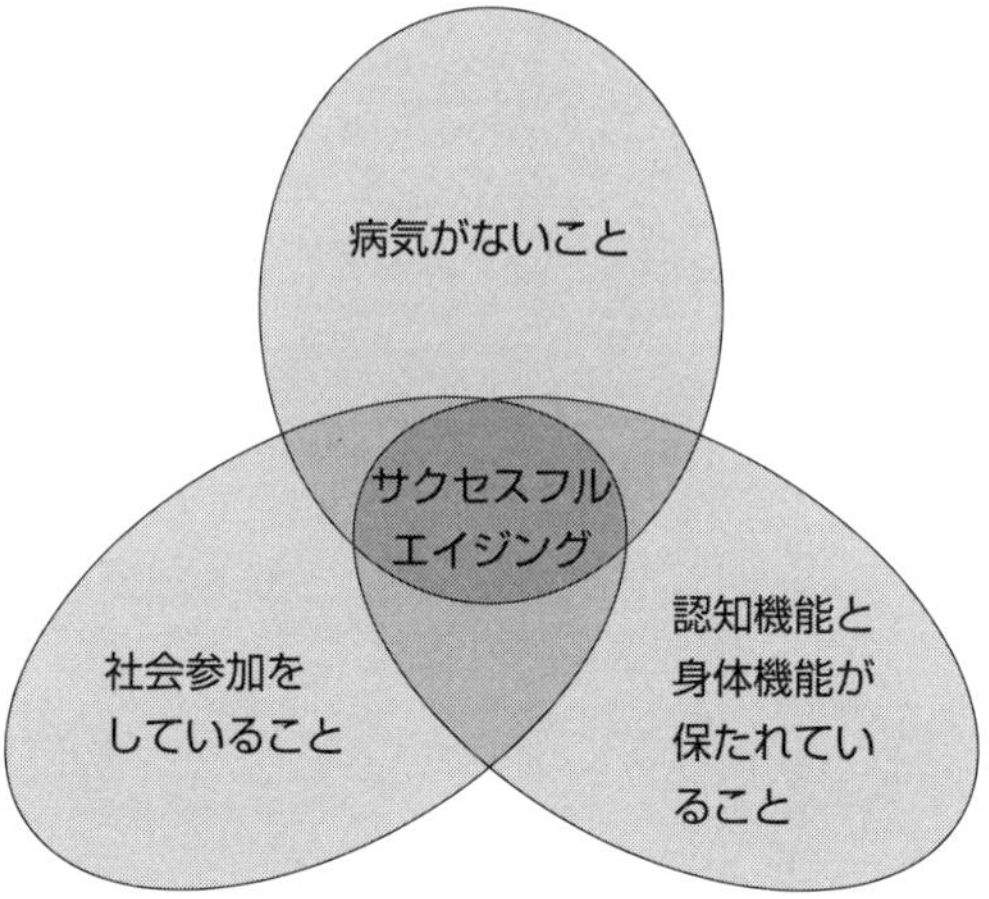

図 3-2　ロウとカーンのサクセスフルエイジングモデル
（文献14をもとに著者作成）

まさに目標となる姿だと言えます。今日の日本でも、この考え方に異論を唱える人はまれだと思います。本章ではこのモデルをサクセスフルエイジングという概念の一つの完成形として、「バージョン1・0」と呼びます。

ただし、このモデルには問題点があることも指摘されています。[7] これまで、地域在住の高齢者を対象に行われた研究では、このモデルでサクセスフルエイジングの基準を超える人は、約30％しかいないことがわかっています。一方、病気や障害という条件を外すと約65％が基準を満たします。加齢に伴って高血圧や糖尿病といった慢性の疾患やガンの罹患も増加します。若い高齢者に対しては、目標としてはよいと考えられますが、百寿者を代表とする超高齢の人たちにとって、目標となるかは疑問です。

3　百寿者におけるサクセスフルエイジングを考える

バージョン１・０の適用

百寿者の方々にサクセスフルエイジングのバージョン１・０を適用できるのでしょうか。近年、マスコミにとてもお元気な百寿者が紹介されています。例えば、京都府在住の宮崎秀吉さんは２０１５年12月現在１０５歳ですが、マスターズ陸上の１００m走29・83秒の１００歳の世界記録を持っていらっしゃいます。また、２０１５年９月には１０５歳で１００m走を初めて完走し、42・22秒を記録し、さらに砲丸投げでも３・25ｍの記録を樹立しました。これらの記録は１０５歳としては世界で初めて公式な記録として認定されたものです。女性でも、山口県在住の長岡三重子さんは、１００歳で競泳１５００mを１時間15分54秒で完泳されています。こちらも１００歳で世界初の快挙です。また、私の本棚には、１０４歳で活躍されている医師の日野原重明先生の著書を筆頭に、百寿者の方々が書かれた本が多数並んでいます。これらの本の中でもとりわけ私にとって重要な本は、２０１３年に１０７歳でお亡くなりになった、心理学における大先輩であられた昇地三郎先生の著書です。先生は幼児教育の専門家だったこともあり、１００歳になった時から１００歳児と称され、世界中を講演して回られました。その偉業は、公共交通機関を利用して世界一周旅行を達成した最高齢（１０６歳）としてギネスブックにも認定されています。私は１００歳を超えられた昇地先生にお目にかかる機会が数回ありましたが、最も思い出深いのは２０１１年に開催された米国老年学会の場でした。先生は、健康長寿に関するシンポジウムの最後にゲストとして登場され、英語でスピーチをされた後、黒田節を軽やかに舞い、自分で考案

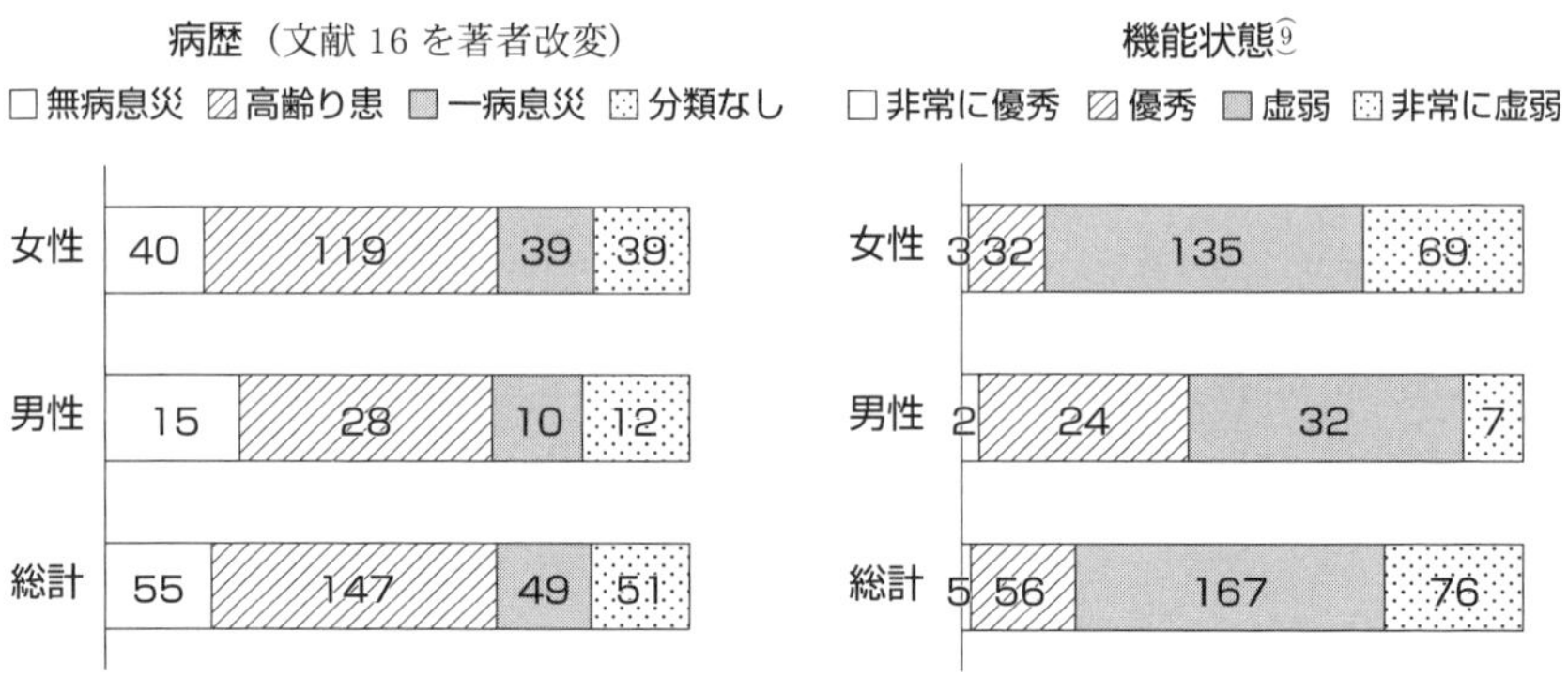

図3–3　東京百寿者調査における病歴（図左）および機能状態（図右）

された健康体操を紹介されました。

このように、１００歳を過ぎてもバージョン１・０の基準を満たすような方が増えています。しかし、残念なことにサクセスフルな百寿者はそう多くはいないのが現実です。米国のジョージア百寿者研究は、世界的に最も有名な百寿者研究の一つですが、そのデータを利用して、バージョン１・０を検証した報告があります。[3] 彼女らによると、比較対象として分析した80歳代の高齢者で15％が基準を満たしましたが、百寿者では２３４名の調査参加者のうち、一人も基準を満たす人が存在しなかったそうです。詳細に見ると、病気のない人は30％程度ですが、身体、認知機能に関しては基準を満たした人は５％未満でした。一方、社会的な活動に関しては、約60％の人が基準を満たしていました。デンマーク百寿者研究では、「自立した百寿者はいるけれど、健康な百寿者はいない」（Healthy Centenarians Do Not Exist, but Autonomous Centenarians Do）というタイトルの論文を報告しています。[2] この論文で２０７名の百寿者を調べた結果、病気と無縁だった人はたった１人だったと報告しています。

私が参加している東京百寿者研究でも同様の結果が見られます。[9][16] 東京百寿者研究は、東京都23区の１００歳以上の高齢者を対象として健康長寿の要因を明らかにすることを目的とした学際研究です。

慶應義塾大学の広瀬信義先生を研究リーダとして２０００年に始まり、現在も継続しています。初回の訪問調査は２０００年から２００３年に行い、３０４名が参加されました。まず、病歴と身体機能の状態を紹介します。**図3-3**の左には病歴、図３-３の右には機能状態を表したものを示します。先に紹介したニューイングランド百寿者研究に基づき、脳卒中、心臓疾患、高血圧、糖尿病、骨折、ガンといった高齢者に多い疾患の発症年齢を基準に三つの群に分けました[4]。三つの群は１００歳まで病気知らずに過ごしたEscaper（無病息災）、80歳以降に大きな病気の経験をした、つまり病気の発症が普通の人よりも遅いDelayer（高齢り患）、80歳未満で病気の経験がある１００歳まで生き残ったSurvivor（一病息災）と名付けられています。ちなみに日本語の群名は著者によるものです。それぞれの割合は18％、49％、18％で無病息災の百寿者は20％程度しかいらっしゃいませんでした。図３-３の右は機能状態を視聴覚、認知機能、身体的機能の３側面から総合的に評価したものです。その内訳はExceptional（三つの側面にまったく問題がない非常に優秀な群：２％）、Normal（視聴覚に問題はあるが身体、認知機能に問題がなく自立と考えられる優秀群：18％）、Frail（認知機能もしくは身体機能に問題がある虚弱群：55％）、Fragile（機能低下が著しい非常に虚弱な群：25％）となり、認知機能や身体機能に問題がなく自立した生活が可能である百寿者はわずかに20％でした。東京百寿者研究において社会的な活動については調べていなかったので、病気の有無と、認知機能や身体機能に障害がないという二つの側面からサクセスフルエイジングを評価してみると、５％の人だけが当てはまりました。この中には、社会的な活動をされている方も数名いらっしゃいましたので、厳密にバージョン１・０の基準を適用すると、１～２％程度がサクセスフルな百寿者だろうと推定されます。

このように、基準を緩く設定したとしても、バージョン１・０でサクセスフルだと分類できる百寿者は世界的に見てもごく少数しかいらっしゃらないことがわかります。２０１５年現在、日本には約６万人の百寿者がいらっしゃいますので、私たちの結果を当てはめると、サクセスフルな百寿者の方は６００人ほどいらっしゃることになります。「有病状態の圧縮仮説」に基づくと、20年たって百寿者が30万人を上回る頃には、お元気な百寿者の割合も増えると予想されますが、それでも、15％には届かないと思います。百寿者が目標とすべきサクセスフルエイジングのモデルを新たに定義する必要があるようです。

百寿者から学ぶサクセスフルエイジングの新たな姿

私の父方の祖母は２０１２年に１００歳の天寿を全うしました。歩行困難があり認知症も進行していたこともあり、晩年はベッドで寝たきりの生活を送っていました。施設で生活していたこともあって、年に４回ぐらいしか会いに行けませんでしたが、私や妻のことを覚えていてくれて、会いに行くと「元気か、どこに住んでいるのか、どこで働いているのか」と尋ねられるのが常でした。ちなみに私が答えても、１分後には同じ質問が繰り返されるので、何度も繰り返し答えるのがいつものパターンでした。ある時、祖母に「しあわせですか」と聞いてみました。祖母は「しあわせだ」と答えました。理由を聞くと「あったかいお布団で過ごせて、ご飯もおいしいから」と答えてくれました。この回答に私の両親は驚いていたようです。百寿者の方とお話しさせてもらうと、必ず何かを学ぶことがあります。これまでの印象からは、お元気な百寿者の方とお話をさせてもらうと感心することが多く、祖母のようにお元気ではない百寿者の方とお話しさせてもらうと、驚かされることが多いように感じています。

私たちは、百寿者の方の幸福感の測定のために、「改訂版ＰＧＣモラールスケール」（Philadelphia Geriatric Center Morale Scale; A revision: PGC）という17問の質問項目を利用しています。その中に「生きていても仕方がないですか」という項目があります。すでにご紹介したように、百寿者の方には寝たきりの方も多いので、この質問を聞く時はいつも躊躇します。ある時、１００歳以降に数度、脳梗塞を患い、寝たきりの生活をされていた１０５歳の女性にこの質問をしたことがあります。彼女の答えは「生きていたらダメながらも娘の話し相手になってあげられる」というものでした。また、１０５歳の男性とお話ししていた時のことです。彼は、寝たきりではなかったですが、疲れやすいので普段はベッドで寝ている時間が多いとのことでした。さぞかし退屈だろうと思い、「退屈なのではないですか」と尋ねました。すると「退屈なことはないです。昔自分がやったことをベッドの中で思い出したり、歌ったりして過ごしています。だから、退屈などしない」とお答えになったのです。

若い高齢者の方々は、口をそろえて人の迷惑になってまで長生きしたくないとおっしゃいます。他者の世話になったり、介護されたりする状態をしあわせだと思わないのは、ごく普通の感覚です。私自身も、自分が寝たきりで介護を受けている状態を考えたら、きっとしあわせではないだろうと思います。しかし、身体的な側面から見ると健康とは言えない百寿者の方とお話をすると、幸福感は決して低下していないことに気がつかされます。決して印象だけで話をしているわけではありません。身体的な制限が顕著になっている百寿者の方々の幸福感が低くないという結果は、イタリア、ドイツ、ポルトガル、中国など、さまざまな地域で行われた百寿者研究で報告されています。東京百寿者研究では認知症のない62名（男性22名、女性40名）を対象にＰＧＣモラールスケールを用いて主観的幸福感を評価しました。この得点は50～80歳代にかけて低下する傾向があるのですが、百寿者のＰＧＣ得点は年齢から予想される得点よりも高く、若い高齢者と同等のレベルに保たれていました。さらに、百寿者と同じ程度に自立が低下した若い高齢者と比較すると、逆に得点が高い傾向が確認されました。(8) サクセスフルエイジングのバージョン１・０では、身体機能、認知機能を保ち、障害がなく社会との関わりをもつ状態をサクセスフルと定義していましたが、百寿者研究からは、バージョン１・０で重視しているさまざまな機能が低下しても、幸福感が維持できるサクセスフルエイジングのモデルがあることがわかります。

4　サクセスフルエイジング――バージョン2・0

心理学におけるサクセスフルエイジング

私は、心理学におけるサクセスフルエイジングの考え方が、「バージョン2・0」として超高齢社会における目標になると考えています。バージョン1・0では、身体、認知、社会的な状態に目標となる基準が設定されていて、それを下回るとサクセスフルではないと分類されます。これは、機能状態を重視した医学・生理学的な考え方と言えます。一方、心理学では加齢に伴ってさまざまな機能が低下した時に、その状態を克服する、もしくは適応していく一連の過程を重視します。視聴覚機能、記憶力、運動機能、体の健康、社会的な役割、さまざまな機能を失うことが高齢期の特徴と言えます。そして、これらの経験は幸福感を低下させると考えられます。ところが、機能の低下が生じても工夫をして前の状態に戻る、もしくはその状態に適応することができれば、幸福感を維持することができます。その一連の過程をサクセスフルなエイジングだと考えるわけです。実際に、加齢に伴い幸福感（ポジティブな感情）が上昇するという現象は、中年期から80歳ぐらいまでを対象とした研究で報告されており、さまざまな喪失にもかかわらず、幸福感が上昇するということから、エイジングパラドックス（Aging paradox of well-being）と呼ばれています。そして、その背景にどのような心理的な過程があるのかが研究されています。

従来の考え方

ここでは、サクセスフルエイジングを可能にする心理的な適応の過程として、代表的なものを三つ紹介します。第一は、努力して少しでも前の状態に近づける対策をとることです。生涯発達心理学の創始者であるバルテスは、加齢に伴う機能の低下に対応するためにとる一連の手だてを三つの要素から説明しています[5]。それらは、「今までできてきたことがうまくできなくなった時に前よりも少し目標を下げる」（喪失に基づく目標の選択）、「選択した目標に対して、自分の使える時間や体力を効率的に振り向ける」（資源の最適化）、「他者の助けやこれまで使っていなかった補助を使う」（補償）の三つです。例えば、体力の低下を感じて、これまで毎日やっていた５㎞のランニングが難しくなった場合に、距離を短縮し４・５㎞にする（選択）。同時にやっていた余暇活動をやめて、ランニングに集中する（最適化）。最新の走りやすいランニングシューズに替える（補償）、といった行動になります。第二は、前の状態に近づくのが難しい時に、そのことを良いことだととらえなおしたり、人よりは良いと考えたり、無理やり納得させたり、目標を諦めたりして、認知的にその状態に対処することです。第一の手だてが一次コントロールと呼ばれるのに対して、それがうまくいかない時の二次コントロールと呼ばれます[10]。「もう年だから」と言ってできないことを納得することはこれに当たります。第三は、幸福感を高めるための行動を高齢者が積極的にとっているという考えです。例えば、高齢者は目の前に良い感情が生じる刺激（例えば、笑った顔）が提示されるとそちらに注目する一方で、悪い感情が生じる刺激（怒った顔など）には注目しないことが報告されています[15]。また記憶の実験では、良い感情と関連する情報（遊んでいる親子など）を、悪い感情と関連する情報（喧嘩する人など）よりもよく憶えていることが報告されています。普段から良い気持ちになる情報に注目し、悪い気持ちになる情報を無視することができれば、自然と幸福感は高まると考えられます。ここまで紹介したように、心理学ではバージョン1・0と異なり、機能を維持することではなく、低下に対して適応することをサクセスフルエイジングと考えており、新たなサクセスフルエイジングのかたちであるバージョン2・0と言うことができます。

新たな考え方

私は、ここまで紹介した考え方だけでは、百寿者の人たちの幸福感の高さを説明することは難しいとも考えています。理由を簡単に説明します。まず第一に、超高齢期に経験する喪失は、元に戻すのが難しいものが多いことです。例えば、難聴になっても、初期の段階だと補聴器を利用することで、機能を回復することができます。しかし、百寿者の方に多く見られますが、難聴が進んでしまうと、補聴器を使用しても効果が得られないことがあります。対処するための行動をしても効果がなければ、かえって幸福感は低下しそうです。次にこれまでの研究で、前項で紹介した第一もしくは第三の方法は、認知機能が高い高齢者で効果的であることです。百寿者になると認知症を患わなくとも、認知機能の低下は顕著になりますので、これらの方法がうまく使えなくなると考えられます。では、第二の方法はどうでしょうか。確かに、100歳ともなれば、いろいろなことができなくても、自然と年だから仕方がないと諦め納得することができるようになるかもしれません。しかし、多くのことを諦めてばかりいたら、幸福感を保つことは難しいと考えられます。先にご紹介した、お元気ではない105歳の方の発言は、単に諦めから出たものだとは考えられません。どうも、諦めとは言いきれない別の心理的な適応の仕方があるようです。

生涯発達心理学のモデルで著名なジョアン・エリクソンは、93歳で執筆した著書で自ら超高齢者となり身体的な虚弱を経験したこと、そしてその状態を受け入れ喜びを感じることができる、新たな心理的発達を経験したと述べています。彼女は乳児期から高齢期に至る8段階の心理的発達理論を提唱し、その最終段階を高齢期における人生の統合としていたのですが、自分自身の経験から理論が不完全なものだったとし、超高齢期には第9段階目の発達段階が存在するのではないかと指摘しています。

スウェーデンの老年学者のラース・トランスタムは、超高齢者にも適応できるサクセスフルエイジングの理論として、「老年的超越」という概念を唱えています。老年的超越とは、加齢に伴って生じる心理的な変化のことを言い、以下に紹介する三つの側面に変化が生じることで、活動的ではない高齢者でも幸福でいられるとする考えです。三つの側面は「社会関係の側面」、「自己に関する側面」（自分自身に関すること）、そして「宇宙的意識に関する側面」（世界のとらえ方）と呼ばれています。簡単に説明しますと、社会関係における変化とは、他者との関係の中で自分を良く見せようとする態度が減少し、物事の本質がわかるようになる。自己に関する変化とは、若者がもちがちな自己中心性や自尊心が良い意味で低下する。宇宙的意識の変化とは、思考の中に時間や空間の壁がなくなり、意識が自由に過去や未来と行き来するようになる。これらの変化が加齢とともに増加するとしています。

具体的にどのような変化が生じるのでしょうか。私たちは、身体的に自立が困難な、超高齢者の方々にインタビューをし、普段どのように考えて生活しているかについて、質的研究と言われる方法で分析しました[13]。その結果、四つの重要な要素を見出しました。一つ目は、「**つながっていること**」です。「現実に存在している人とのつながりだけでなく、死者や神仏といった日常生活において直接触れ合うことのない、見ることができない存在とのつながりを感じている」と要約されます。すでにお亡くなりになった親族のことを頻繁に思い出し、身近な存在として感じている方は少なくありません。老年的超越理論では、宇宙的意識に対応します。二つ目は、「**変わっていくことに気づくこと**」です。「病気や怪我、親族の死や、徐々に失われていく体力、世の中の移り変わりといった日々の小さな変化に気づき、これからもそのような変化が起こり、死がその延長上にあると感じている」と要約されます。三つ目は、「**変わらないことを見出すこと**」です。「人生の中で自分が一貫性をもって存在していると感じ、身体が変化しても変わらない部分があることに気がつき、それが今後も続くことを望んでいる」と要約されます。目や耳が悪くなって昔ほどよく見聞きはできないけれど、まだ字が読めて読書を楽しめたり、人と何とか会話ができたりする、失ったことも理解し、同時に残っている機能を評価できるようになるのです。先に紹介した、「娘の話し相手になってあげられる」という発言がこの要素に対応します。これら二つの要素は、老年的超越理論では自己に関する側面や社会的な側面における変化に対応しています。四つ目は、「**自分だけにできることを見つけること**」です。身体活動や移動の制限といった制約が多い中で、超高齢者の方々は、「自分だけにできることを自由に見つけてそれらを楽しんでいる」と要約されます。１０５歳の男性が、布団の中で歌を歌ったりされていたのが、この要素に対応します。老年的超越理論では、社会的側面と宇宙的側面に対応します。

　私たちは面接による研究の結果に基づき、老年的超越を評価できる心理尺度を開発しました。そして、身体的に低下が見られる超高齢者の方でも、老年的超越の得点が高いとＰＧＣモラールスケールの得点が高いことを見出しています。[12] 超高齢期における老年的超越の高まりによるサクセスフルエイジングの考え方は、心理的サクセスフルエイジングの中でも、「バージョン２・５」と呼ぶことができます。

　サクセスフルエイジングのバージョン２・０は、加齢に伴う喪失に対して、何らかの方法でうまく適応し幸福感を保っている状態と定義できます。そして、これは、若い高齢者に当てはまりやすいバージョン２・０と、超高齢期以降に当てはまりやすいバージョン２・５に大きく分かれます。バージョン２・５は、さまざまな喪失を経験している百寿者でも目標にできるものです。私たちは、従来の心理的な適応の過程に加えて、老年的超越が加齢に伴って発達することが、百寿者においても適応を高め幸せに生活するために重要であると考えています。しかし、老年的超越が、加齢に伴って高くなるのか、もともと高い人たちが長生きするのかは明らかではありません。現在、私たちはここで紹介した心理的な適応過程や老年的超越が加齢に伴って変化するのかどうかを検証するために、同一人物を長期間定期的に追跡する長期縦断調査を行っています。あと6年ぐらいすればその結果をご報告できると思います。

5　おわりに

本章では、超高齢社会における健康長寿のあり方について述べてきました。はじめに従来からのサクセスフルエイジングの考え方（バージョン1・0）を見渡し、百寿者を対象とした場合には適用に限界があることを紹介しました。そして、従来の考え方の限界を克服するために、心理学に基づいたサクセスフルエイジングの考え方（バージョン2・0）を紹介しました。最後に、百寿者や超高齢者は回復が難しい喪失を経験しやすいので、心理学的な適応の過程の中でも、老年的超越の発達が重要であることを指摘しました（バージョン2・5）。今後先進国では、ますます高齢化が進展します。そして、超高齢社会では、年齢に従ってサクセスフルエイジングとして目指す目標を、医学・生理学的な考え方（バージョン1・0）から心理学的な考え方（バージョン2・0）と変化させることが、しあわせに生きるために必要となるでしょう。

しかし、バージョン2・0も完全ではありません。バージョン1・0もバージョン2・0も個人の視点からしかサクセスフルエイジングをとらえていないのです。これは大きな欠点と言えます。すでに、繰り返し述べましたが、自立した百寿者は少数です。わずかな例外を除いて、一人で生活している百寿者の方はいらっしゃいません。一人暮らしをされていたとしても、周囲の人に支えられています。百寿者のご自宅を訪問させていただくと、献身的に支える家族の方にお会いする機会も少なくありません。そういったご家族に支えられている百寿者の方々は、特に幸福感が高いと個人的には感じています。ところが、しあわせな百寿者を支えるご家族は、長生きはしたくないとおっしゃる方が多いのです。百寿者を支えるのは金銭的にも身体的にも大変であることの証だと言えます。一人の幸福を高めるために、周りが犠牲を払う状態は、望ましいものではありません。20年後の百寿者30万人時代を鑑みると、百寿者を支える人たちも含めた集団を視野に入れた、サクセスフルエイジングのバージョン3・0を考える必要があると思います。

第Ⅱ部

心理面から支える高齢者の生活の質

第4章 高齢者が使いやすいモノづくり

【原田悦子】

1 はじめに

文字通りの超高齢社会を迎えた現代日本社会において、心理学はどのように「お役に立てる」でしょうか。その問いに対し、これまで多くの心理学研究は、認知症や虚弱など、介護やケアを必要とされる高齢者への支援を対象として進められてきました。しかし、支援が必要なのはそうした病気や病弱な状態の高齢者の方だけでしょうか。もっと言えば、心理学が貢献できるのは「支援を必要とする人への直接的対応」だけでしょうか。

本章では、健康で自立した生活を営む高齢者への支援として、その生活の中で利用される「モノの使いやすさ」を高めていく、すなわち人の棲む環境を変えていこうとするかたちでの「心理学からの貢献」の可能性について、ご紹介します。

2 「健康な高齢者」の認知過程 ——そこで生じる問題と支援のあり方について

加齢の過程はさまざまで、個人差がとても大きいことはよく知られているところです。そんな中で、健康な高齢者と言うと、一般にはどのようなイメージがあるでしょうか。まず頭に思い浮かぶのは、耳が少し聞こえにくくなる、目が見えにくい・読みにくいという、（心理学で言うところの）感覚・知覚系の機能低下でしょうか。同時に、手足の筋肉が弱くなり、動きがスムーズでない、力が出ないといった身体・運動系の変化を思い浮かべる方も多いと思います。

それでは、いわゆる「頭の働き」、心理学で言う認知的な側面についてはどうでしょう。講演会や授業などで質問をしてみると、最もよく聞かれるのは「記憶が悪くなる」という答えです。また「判断や反応が遅くなる」という答えもありますし、「いやいや、目や耳は悪くなるけれど、頭の働きはまったく変わらないよ」という意見もよく聴かれます。

認知心理学、つまり「人の頭の働きのメカニズムを明らかにする」研究領域では、この20年ほど、健康な高齢者の認知的機能がそれ以前の若年成人とはどのように変化してくるのか、さまざまな研究がなされてきました[2]。その結果、上記のような一般の人がもつ「健康な加齢」イメージは、いずれも「半分ホント、半分違う（Yes-and-No）」ことが明らかにされています。

認知心理学から見た「健康な加齢の効果」

まず、「記憶」ですが、40歳を越える頃から誰しもが「あれ？　前は覚えられたことが覚えられなくなっているぞ?」という自覚（これを「メタ認知」と言います）をもつような出来事に遭遇するようになります。実際に、心理学の実験室で「これを覚えてください」「先ほど覚えたことを思い出してください」というタイプの記憶の実験をすると、確かに「正しく思い出せるかどうか」の課題成績は、年齢とともに低くなっていきます。その一方で、ことばの意味を問う課題（意味記憶課題）や、「〇〇に行くときに××を持っていく」といった自分の予定に関する記憶（展望的記憶課題）などでは、大学生と高齢者の間でもあまり差がないことが報告されています。つまり、人間の記憶のすべてが悪くなるのではないのですが、一部のタイプの記憶（自分で、自分の過去のことを、はっきりと思い出そうとする記憶。「エピソード記憶課題」と言います）で成績低下が見られる、というのが一つです。

また、「反応・判断が遅くなる」というのも、加齢現象としては「半分ホント」（Yes-and-No）であることが知られています。単純な反応時間、例えば、ランプがついたらボタンを押す、といった課題では、高齢者の方も反応時間が若年成人とあまり変わりません。統計的には少し長く時間がかかりますが、それはごくわずかな遅れにすぎません。しかし「赤のときは押す、青のときは押さない」などの「少し複雑な課題」になると、途端に高齢者の反応が遅くなります。つまり、すべての条件で反応・判断が遅くなるわけではなく、日常生活ではよくある「やや複雑なこと、判断しなければいけないこと」については、確かに、反応・判断がかなり遅くなるという現象があります。

最後に「目や耳、手足は機能が低下しても、頭の動きは変わらない」というのも、確かにそうなのです。しかし、実は、見えにくく・聞こえにくくなる、あるいは手足が動きにくくなると、認知的な機能が少し低下するように「見えてくる」ことが広く知られています。これは人間が、聞きたいことが聞こえないなどの状況になったときに「聞くことに心的なエネルギーを注ぐ」ことから、もしスムーズに聞こえていれば行っているであろう複雑な（高次の）過程、例えば聞いた後の判断や聞こえたことについてのさまざまな処理が低下してしまうという現象で、「努力要求過程仮説（effortfulness hypothesis）」と呼ばれています（特に「聞こえにくい」場合はより直接的に「聴覚機能損失（hearing-loss）」と呼ばれます[7]）。そうした時、本来の認知的機能は落ちていなくても、（より高次な機能にエネルギーが向けられていないことから）表面上、課題成績は下がってしまうということになります。

このように、健康であっても認知的な機能はさまざまに変化し、その様子は複雑で一言では表しにくいこと、また特に「複雑な、たくさんのことを一度に行おうとすると認知的な機能低下が大きく現れる」ことが明らかにされています。さらに、第3章で述べているように、そうした「自分の変化にうまく適応していくため」に高齢者自身がさまざまな方略を編み出し、適用していきます。そうした行動的な変化（Selection, Optimization and Compensation: SOC、選択的最適化と補償モデル[1]）もさまざまに生じ、実際の現象の現れ方はさらに複雑になっています。そのような状況の中、一般心理学の領域でも認知的な加齢とは何なのか、多面的に研究がなされてきています。

健康な認知的加齢＋高度情報化＝さまざまな問題が発生？

このような「健康な加齢変化」は、高齢者の方の生活においてどんな影響を与えているでしょうか。あまり問題などないのではないか、支援は必要ないのではないか、と思われるかもしれません。確かに、認知症やその他の病気の場合に比べれば、支援を必要とする度合いはずっと少ないでしょう。しかし、そこにもう一つの大きな社会変化、「人の日常生活の高度情報化」が加わって、実際には、目立たないところでいろいろな問題が発生しています。

例えば、携帯電話の圧倒的な普及の中で、街中の公衆電話が激減しました。携帯電話は使いたくない、使わないとお考えの高齢者にとっては、「ちょっと電話」がしにくい社会になってきています。また「ネット利用者だけがいろいろなサービスや値引きがあってお得である」という現象も、「見えにくいけど、どこにでもある話」です。例えば、旅行のためにホテルを予約する時、直接電話をかけるといわゆる正規料金になります。しかし、ネットで予約すると、大きな値引き（6割引や8割引も⁉）があり、お得なサービス（バス乗り放題のパスが付いてくる！など）があり、いろいろメリットがあるのです。こうした「お得」はネットにつないで観られる人にしか利用できません。これは、いわゆるディジタル・ディバイド（digital divide、先進技術が使えるかどうかで生活の格差が生じること）です。他の国では、人種、性差、社会階層などで大きく問題になったディジタル・ディバイドが、日本においては年代（正確には世代、コホートかもしれません）で問題になってきているのです。特に現在の高齢者層にとっては、「これまでは受けられていたサービスや機能」が、情報機器を利用しないことによって自分だけは受けられなくなる、という生活の質の低下が問題になると考えられます。

こうした高齢化と高度情報化の問題は、社会としての高齢者支援のためのシステムづくりの上でも問題になってきます。すでに多くの健康な高齢者の方が、1人あるいはご夫婦のみの高齢者世帯で暮らしています。一方で、民間組織であれ、地方自治体、日本国政府にせよ、人的・経済的に余裕がある状態ではありません。そのような状態で、健康で地域に居住されている「高齢者のみ世帯」の高齢者を「広く薄く」低コストで支援しようとすると、どうしても情報技術とネットワークを使わざるをえません。そうすると、実際に高齢者を支援できるかどうかは、そうしたシステムができた際に、「対象となる高齢者の方々が実際にそのシステムを使えるか、使いたいと思うか」ということに大きく依存してきます。

実際のところ、これまでにも大規模な社会実験がなされ、高齢者支援のための多くの実験システムが提案されてきました。しかし、その多くが「実験期間が終われば誰も使わない」ものになりがちであり、ほとんど実用に至っていません。これは、こうした「ラスト１インチ」の問題がきちんと解決されていないためだと考えられます[4]。実際、「助けがほしいと思ったときに、電話機の横にある〔緊急〕というボタンを押すだけ」で、電話が通じて「どのような様子なのか」を自分で説明することもできるし、説明ができないときには救急車を呼び、必要な連絡先にコンタクトをとってくれたりすることもできる緊急通報システムにおいても、「押せない、押さない」問題が発生しており、その背景には、認知心理学的な問題がある、といった報告もされています[11]。

超高齢社会を迎えて、認知的加齢とモノの使いやすさの関係を明らかにし、「高齢者の方にも使いやすいモノ」をつくっていけるような社会をつくっていくことが必要だと考える理由がここにあります。健康で自立した高齢者の方にとって、ご自分の生活を維持し、より良くしていくために使えるように、モノづくりをしていく、それを支えるための心理学的な支援が、認知心理学に基づく「使いやすさの心理学研究」です。

3　モノの使いやすさと高齢者――二つの側面

それでは、実際に高齢者の人は、モノを使うのが苦手なのでしょうか。使いやすさの認知心理学で一番基本とされる方法論、ユーザビリティテスト（実際のモノを使って、典型的なユーザに典型的な課題を解決してもらい、その様子を観察するテスト）を行い、高齢者と若年成人を比較すると、その「苦手な様子」は一目瞭然に出てきます。特に高齢者は、新しいモノ、また情報技術を利用した機器の利用が不得意です。使っているうちにいろいろなエラーが発生しますし、「できない、わからない」といった事態に陥り、使いたくない、使わな

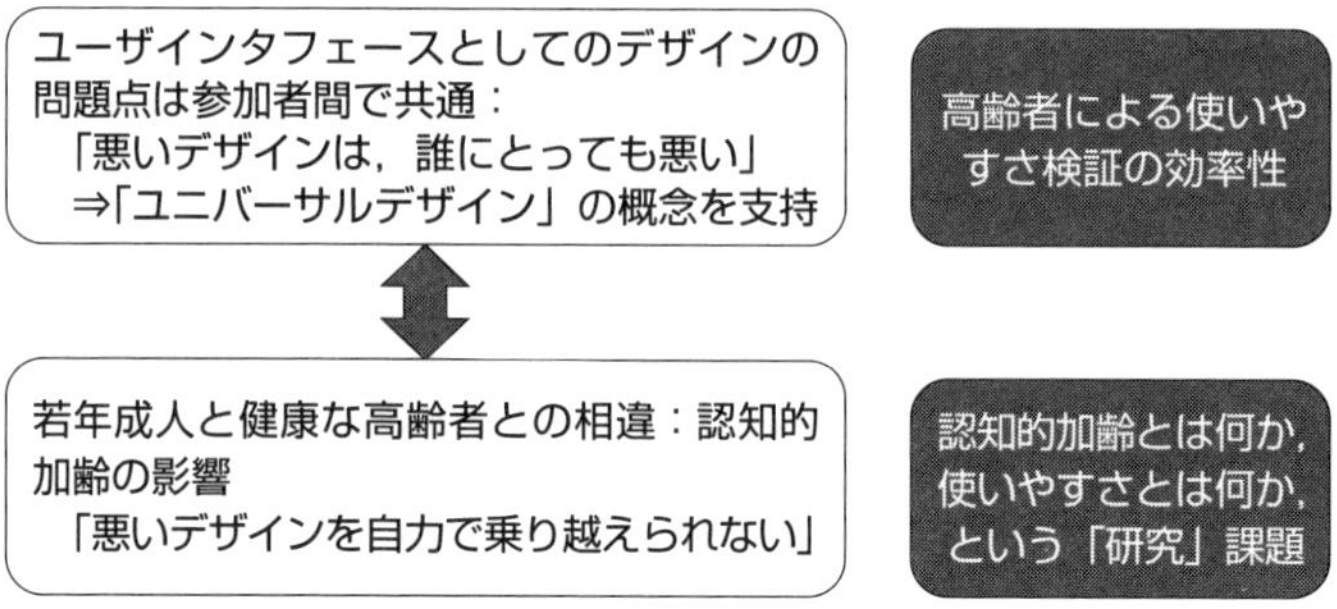

図４-１　認知的加齢とモノのデザイン・使いやすさとの二面性

いと決めるといったことも圧倒的に多いです。たとえばＡＴＭでお金を引き出すといった操作であっても、高齢者の方はなかなかうまくいかないことが示されます。

しかし、高齢者の方にとっての難しさの原因はなんだろうと思い、さまざまなモノを対象として、高齢者と若年成人の間でユーザビリティテストの様子を比べていくうちに、一つわかってきたことがあります。実は、こうしたテストで高齢者がトラブルを起こす使用場面を深く検討していくと、それはやはり「モノのデザイン」の側に問題があり、「間違ってしまう、わからない」理由があること、そして、その理由がわかってから若年成人のデータを見直すと、実は若年成人も（きちんと！）「同じところで同じように操作に迷ったり、小さくエラーをしたり」していることが明らかになってきました[5]。すなわち、「高齢者にとって使いにくいモノは、若年成人にとっても使いにくい」ユニバーサルデザインの原理がそこに働いていることが示されてきました（**図４-１**）。

しかし、実際に、モノを使っているときにトラブルになる、あるいはどうしたらよいのかわからない、使いたくない、といった「表に出てくる」現象が生じるのは圧倒的に高齢者の方です。なぜでしょうか。実際、この「みんなにとって使いにくいデザインがあって、そこにみんな引っかかる」ということと、「でも、実際に使えない、使って間違うというトラブルになるのは高齢者」ということの二面性こそが、今、使いやすさの心理学と認知的加齢の研究が明らかにすべき問題だと考えられています。多くの事例を見ながら推測すると、高齢者の人はデザインの悪さに「そのまま反応して」使えなくなってしまうのに対して、若年成人は、1回エラーをしかけた、あるいは実際にエラーをした後に、そうしたエラーから何かの情報を得て、「自力でデザインの悪さを乗り越えてしまう」のではないかと考えています。つまり、少し見方を変えると、高齢者が示す「使えないという現象」のほうが実は「理屈に合って」いて、「なぜ若年成人は、この悪いデザインの問題を自力で解決できているのか、そこで何が起きているのか」ということこそが未解決の問題なのだ、と考えられつつあります。多くの人にとって、新しいモノがあって数回使ってみたら、「自然に」使えるようになるのが当然、と思われがちですが、その「当然」「自然」の中で、実際には人の頭の中で何が起きているのか、それが加齢によって不得手になっていくのはなぜなのかといった問題が、高齢者の使いやすさの問題に取り組むようになってきて、初めて見えてきました。

4　高齢者の特性をもたらす四つの要因（4層モデル）

それでは、高齢者が「デザインの悪さを自力で乗り越えられない」のはなぜなのでしょうか。これまでのところで少しずつ明らかになってきたことを簡単にご紹介したいと思います。とはいえ、そのメカニズムは思った以上に、さらに複雑なものになっているようです。

私たちは高齢者によって示される「モノを使うときに観察される特徴」をいくつも挙げていき、それらがなぜ発生するのかを考えた時、それらは一つの要因でくれるようなものではない、ということに気づいてきました。現状では少なくとも、四つのレベルでの加齢現象が、こうした「デザインの悪さをうまく乗り越えられない」原因になっているのではないかと考えています。

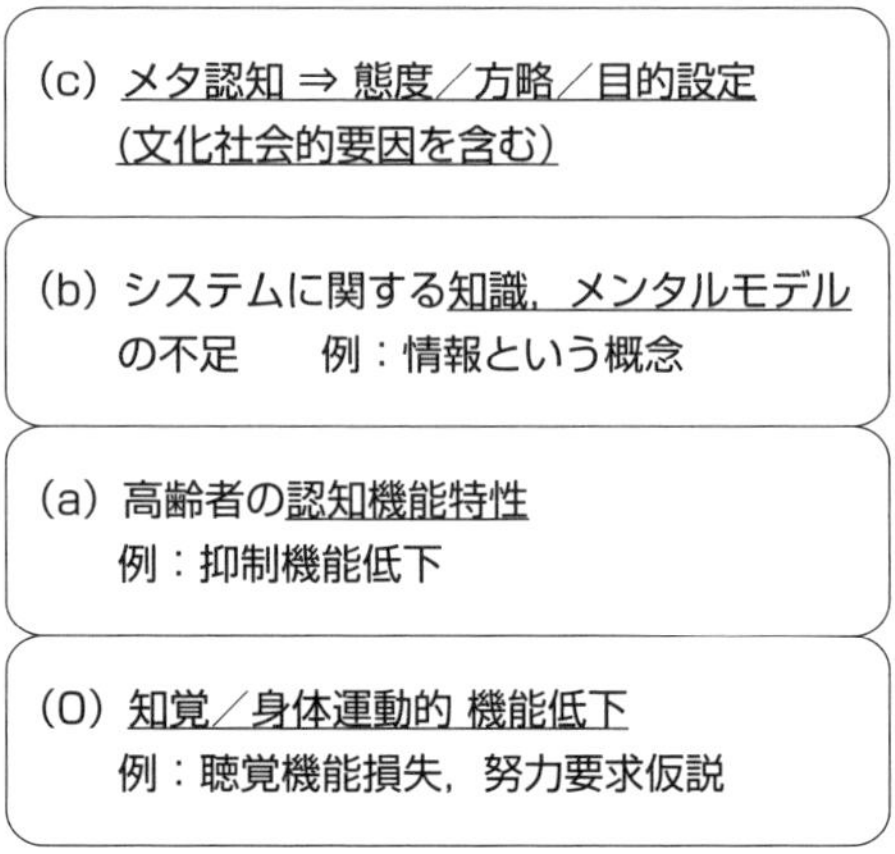

図 4-2　高齢者のモノの使いやすさに関わる4層モデル[3]

まず一つは、**図4-2中**の(a)の「高齢者の認知機能の特性、変化」です。認知心理学の加齢研究により、例えば「一時に頭の中で保持できる情報の量が減少する」あるいは上述のように「複雑な状況での処理速度が低下してくる」といった「加齢による、脳・神経機構の変化によって生じる、頭の中の変化」が、直接に何らかの影響を与えていると考えられます。特にもう一つの特徴である、「加齢によって、抑制機能低下が生ずる」[6]が、大きな要因の一つになっているかと思われます。例えば、現在の日本のATMの画面には、たくさんのボタンが並んでいます。しかし、もし目的が一つ定まっていれば(例えば、現金の引き出し)、一つのボタンを見つければ、それ以外のボタンは「関係がないもの」として無視してかまいません。しかし、この「無視をする」のが加齢とともに難しくなってくる、というのがこの特性です。「目の前に出ているもの」ばかりでなく、「さっきAを思い出そうとして、一緒に思い出してしまったB」などについても、「無視する＝抑制をする」ことが難しくなってくると考えられています。現在使われているいわゆるICT機器類、またはIT化された家電類には、リモコンであれ、画面上の表示であれ、ボタンや各種情報があふれています。高齢者にとって、これらのモノが「使いにくい、使いたくない」と感じられるのは、このような加齢に伴う抑制機能の低下が影響を与えているのではないかと考えられます。

しかし、高齢者の行動特性の原因はそれだけではありません。図4-2中の(b)「知識、メンタルモデルの不足」という側面も無視できません。ゲーム機やモバイル端末など、さまざまな機器が生まれた時から身の周りにある若年成人は、「これはこういうものじゃないか」という「当たりをつける」ための知識をたくさんもっているから、楽々使っていけるのではないか、という要素です（高齢者の方がモノを使う際に戸惑われていると、こうした考え方をする一般の方はたくさんいらっしゃいます）。しかし、この要因で特に大事なことは、個々別々のモノ（あるいは「それに似ている」モノ）を使ったことがあるかどうか、ではなく、特に今の70歳以上の高齢者の場合に、「情報」という概念そのものがあまりよくわからない、という方がいらっしゃることです。もちろん、情報という言葉を読んだり聞いたりはされていますが、「物質ではなく、情報だけを保存したり、編集したり、設定したりする」という考え方はなじみが薄いのです。情報の考え方は、モノのデザインやシステムの作られ方に実に多くの影響を与えています。だからこそ、「情報社会」という言葉が重要になってきているのですが、その「情報」という概念がはっきり理解できていないと、例えば、携帯電話の「履歴情報を使って」もう一度かける、といったことも「途端に理解が難しくなる」ことはおわかりいただけると思います。このように、使いやすさの問題には世代間の文化的経験の差、いわゆるコホートの影響があることも否めません。

図4-2の(0)層はすでに述べた、感覚知覚機能や身体運動機能の低下が、頭の中での認知的なエネルギーを奪ってしまうので、入ってきた情報から「全体を組み上げて考える」といった高次認知機能が「低下したように」なってしまうということを示しています。

さらに図4-2の(c)層は、多くの健康な高齢者が、自分自身の認知的活動が「以前よりも機能が低下した」ことを感じ（メタ認知）、それでも社会的に自立し、有能にふるまっていくために、方略や目標設定を変えていくことを示しています。例えば、「あちらの自動システムを使うと早いですよ」とお誘いしても、「私はいいです」とおっしゃる高齢者の方は少なくありません。これは、「使えない」のではなく、「使わない」ほうが全体としての効率が高くなるのでそちらを「選びます」という表明です。先に挙げたSOC理論はまさにここに関係する概念です。

これらの四つの層の要因が入り組んで、高齢者のモノの使い方は若年成人とは大きく変わってきており、「なぜデザインの悪さを乗り越えられないか」という問題はなかなか一律には解けないものになっています。そんな中、少しずつ、「悪いデザインを乗り越えるために」何を「その場で学習」しているのか、頭の中のメカニズムを明らかにすると同時に、「高齢者のユーザにも、容易にその問題が乗り越えられるようなデザインとは何か」についても何らかの指針を出していきたいと、研究を続けているところです。

5　良いデザインと「コミュニティの力」

ただ、こうした研究を進めていく中で、これまで述べてきたようなものとは少し違う研究、問題意識も芽生えてきました。その一つが、「モノが利用できるようになるということと、コミュニティ（仲間）との関係」に関する問題です。ここまでのところで説明した「高齢者がモノを使うのが不得意な現状」というのは、実は人が一人でそのモノと向かい合っている（相互作用する）状況を対象にしたものです。例えば家の中で使う新しい機械などは、まさに「一人で使うしかない」ものですので、こうした研究が一番ベースになっているのですが、もう少し他の要因も考える必要があるかもしれない、近年はそう考えています。それがコミュニティの問題ですが、これは地域社会全体、という意味ではなく、「ユーザの周りを取り巻いている人的環境」というくらいの意味でコミュニティをとらえていただければ、と思います。

そうした側面が見えてきたのは、携帯電話の研究からでした。[8] 実験的な調査への参加者として「携帯電話を初めて使う」方に6～8週間ずつ携帯電話をお渡しした際、孫と同居をされている方は、夫婦のみ世帯の参加者と比べて、携帯電話を持つことに対する負担感や不安が低く、より多様な機能を使うようになっていました。またすでに携帯電話をお持ちの方に対する質問紙調査でも同様の結果が得られています。

孫と同居、つまり三世代同居の場合に、なぜこのような「新しいモノを使うことが促進される」のでしょうか。直接に使い方を教えてもらえるからでしょうか。それも多少は関連しますが、しかしそうした要素は「同居の孫」以外でも準備されている可能性も多く示されました（別居の娘や知人が教えに来てくれる、など）。むしろ、同居というかたちで、身の周りにいる人が、そのモノはどんなふうに使えるのか、どんな使い方が「これまでにない新しい機能」をもたらしてくれるのかを、モデルとして観察学習する機会があることが大きな要因ではないかと考えられています。

実はこうした現象は、もっと違う状況、特に働く世代の職場の中での「新しい情報機器への対応」でも見られています。[10] すなわち、人が新しい道具を使い始めるとき、「そばに、その機器をすでに使っている人がいること」が大きく影響を与えるということは、年代には関係なく生じているようです。また、こうした現象は、単にモデルユーザがいるということではなく、「その人が属する文化、社会の中で、そのモノを使うことを良いこととして価値づけることが、モノを利用することの促進力になる」という学習の社会文化的要因も働いているように考えられます。[4] たとえば、「葉っぱビジネス」が大きな成功を生んだ徳島県上勝町の高齢者グループ「いろどり」では、情報機器とネットワークをうまく利用し、生産性の高いビジネスを「内部で競争しつつ、協同する」仕組みを創り上げ、またファックスからタブレット、スマートフォンへと日々進化させたことで有名になっています。[14]

それでは、逆に高齢者がさまざまな新しいモノをうまく使いこなしていくために、どのようなコミュニティを創り上げていけばよいのでしょうか。新しい機器を使い始めた人同士のグループ活動の効果など，いくつかの試みもされていますが[12]，この点もこれからの研究にとっての大きなチャレンジだと考えています。

6　おわりに――心理学で人を理解し，その力で「環境を変えていく」ということ

本章では，心理学の研究を通して，「健康な高齢者にとってモノを使いやすくしていく」というかたちでの社会への貢献についてご紹介してきました。これは，私自身の持論でもありますが，こうした研究活動は，「社会につながり，社会に貢献できること」を目指しつつ，しかし同時に，心理学という研究領域自体を豊かにしているものだと考えています。つまり，こうした具体的な実践領域（フィールド）において，研究活動をしていく際には，「人を全体として見る」ことを求められ，その結果として，心理学という研究自体が豊かになっていく契機となるということです。

実際，私たちの研究でも，具体的な「高齢者にとっての使いやすさを実現する」という問題解決を目指してさまざまな実験・調査を行い，考察を深めていく中で，より一般的な「使いやすさとは何か」という問題，「健康な高齢者の認知，認知的加齢とは何なのか」についての，より一般的な考察へつながってきています。

心理学は人間理解のための要となる研究領域と言われます[9]。だからこそ，心理学の対象である「人」，人を取り巻く環境は，社会が置かれた状況によって大きく変わっていく側面を必ず持ち合わせています。「高齢社会のショーケース」と呼ばれるほどの急速な高齢化をしていく日本において，今のこの日本ならではの研究を行い，そこから少しでも社会に貢献しつつ，その研究を行ったからこその「心理学研究への豊かな示唆」をさらに積み上げていきたい，その思いをこめながら，ペンを置きます。

第5章 高齢者の閉じこもり
——その予防と支援

【藺牟田洋美】

1 閉じこもりの実態と介護予防

はじめに

閉じこもりをごぞんじですか。よく間違えられるのですが、青年期に多い引きこもりとは異なります。これは我が国の高齢期に見られる生活様式を指す言葉です。閉じこもり生活を続けていると要介護状態になりやすいため、高齢期にはとりわけ注意が必要なのです。しかし、閉じこもりは疾病ではなく生活です。介護予防のために健康に気をつける多くの高齢者でも暮らし方に注意を払う方はほとんどいません。家族も地域住民も同様です。だからこそ、これを機にぜひ、高齢者の生活に目を向けていただきたいと思います。

さて、生活の仕方は人それぞれです。中年期まで屋内の生活を好まれていた方が、高齢期を迎えて屋外にしょっちゅう出かける生活に転じることはめったにありません。若い頃なら平日は仕事に出かけ、週末は自宅でゆっくり過ごす生活はむしろメリハリがあってよいでしょう。しかし、高齢期になれば、ほとんどの方は毎日が「日曜日」です。ですから、誰もが閉じこもりになる可能性があるのです。若いうちからの生活の積み重ねが、高齢期の閉じこもり生活へとつながることを意識してください。

もちろん、本章は高齢者の閉じこもり生活を否定するものではありません。閉じこもり生活をしながら、庭にいる蟻や昆虫や花鳥を何時間も観察し、絵画、書など素晴らしい作品を残した熊谷守一のような人物もいます。その一方で、要介護状態になるというリスクを知っていたら閉じこもり生活を続けていなかったと、要介護状態になってから悔やむ高齢者もいます。

本章では、我が国の高齢期特有の閉じこもりの問題とその解決方法について、さまざまな角度から検討します。まず、閉じこもりの定義や国内の現状についておおまかに見渡し、続いて、閉じこもりが介護予防の一つになった背景と、閉じこもりをもたらす特徴として身体面・心理面・社会環境面について述べます。その上で、閉じこもり生活を送っている高齢者への、心理学を中心とした具体的な支援とその効果についてお話しします。

高齢者の閉じこもりとは

閉じこもりとは「外出頻度が週1回未満で、要介護状態にないもの」[12]を指します。しかし「引きこもり」という言葉との混乱が時折あります。引きこもりは「身体的な理由がないにもかかわらず、6カ月以上外に出ない状態」を指します。いずれの定義も外出頻度が関係していますが、引きこもりは青年期を中心に認められる

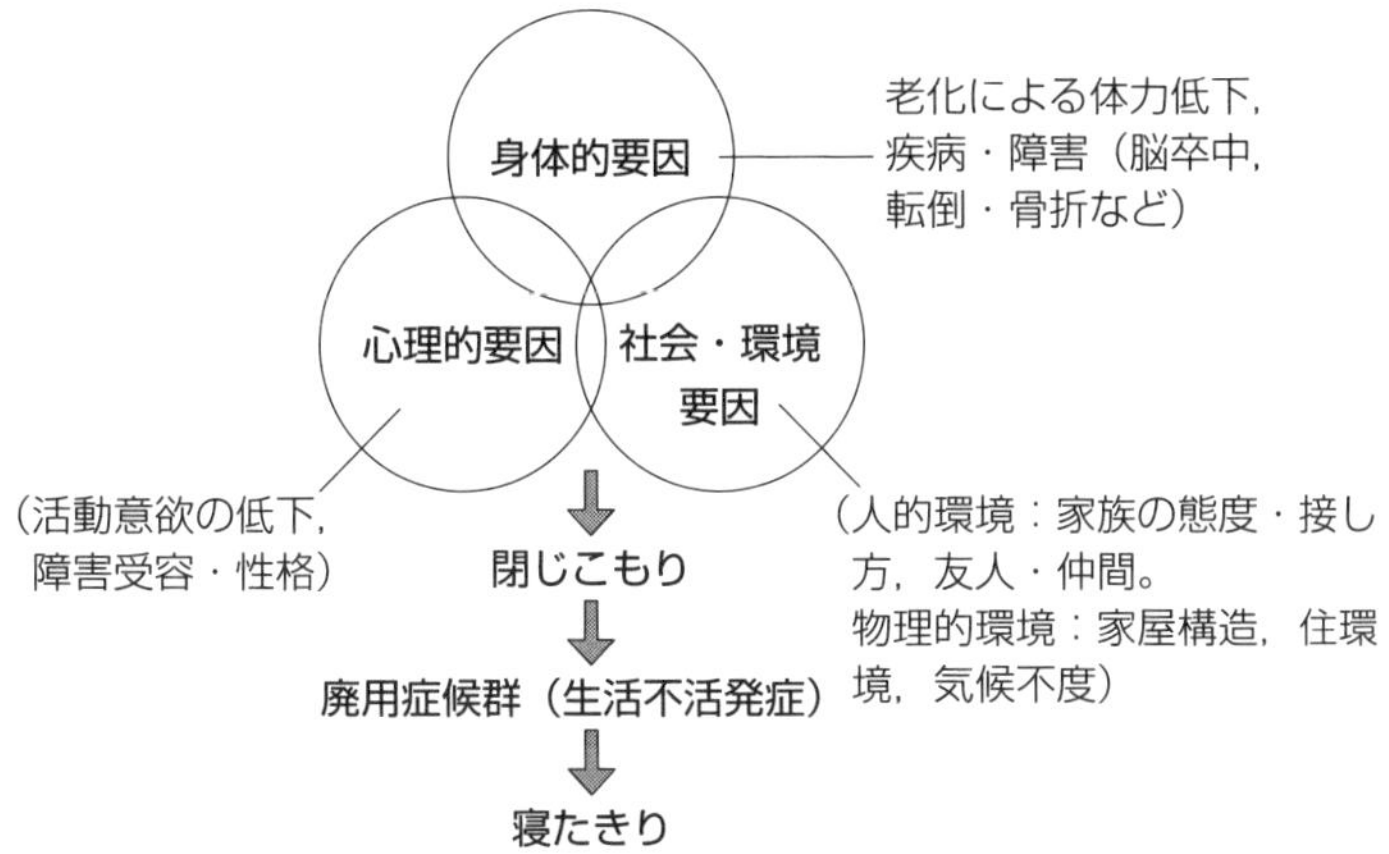

図 5-1　閉じこもり，閉じこもり症候群の構造[12]

状態で、閉じこもりは高齢期に限定した概念であり、使い分けが必要です。

そもそも、閉じこもりとは一九八四年に竹内[10]が寝たきりをつくり出す『閉じこもり症候群』を発表したことに始まります。その際、閉じこもりとなる原因に関してのモデルを唱えました（**図5-1**）。一九九八年の研究成果を皮切り[6]に、高齢者の閉じこもりは要介護状態の危険因子であることが明らかにされました。さらに、研究は積み重ねられ、閉じこもりの身体的要因として、移動能力や生活体力などほぼ一致した見解が得られていますが、心理的要因、社会・環境要因に関する知識はいまだ十分とは言えない状況です。その中で、閉じこもり高齢者の心理的な特徴として、衣服の脱ぎ着、歩行などの日常生活動作（Activities of Daily Living: ADL）能力・外出に対してうまくできるという自信がないこと、誰かに頼りたい気持ちが強いこと、自分の健康状態を悪いと評価したり、自分は他の人の役に立たないと思っている人が多いことがわかっています。社会的な特徴として（意外かもしれませんが）同居者がいること、家族との会話が少なく、外出の際の付き添いや、家庭内での役割がない人が多いこと[11]などが明らかになっています。また、閉じこもりのきっかけの8割は身体的なことですが、定年退職、同居者の介護なども挙げられます。

特筆すべき点は、閉じこもりとは疾病ではなく、高齢者の生活様式が要介護状態に導く日本特有の問題ということです。閉じこもりの出現率は、多いところでは25・0％、都市部でも8・0％で、閉じこもりは地域に一定の割合で存在することが明らかになっています。そのため、介護予防事業の一つとして今日まで力を注がれています。

2　閉じこもり高齢者への心理的支援——ライフレビューの効果

ライフレビューとは

ライフレビューは自分の人生を振り返り、評価することで、自我の再統合や人生満足度の増幅が認められる心理療法の一つです。ライフレビューの歴史的な起源は、バトラー[1]の提唱であり、それを機に高齢期の臨床や研究の進展につながりました。提唱される以前は、高齢者の回想は総じてネガティブなことと、とらえられてきました。ちなみに回想とは、昔を想い出すことです。近年はそれが見直され、生涯発達へのポジティブな機能が明らかにされています。また、ライフレビューは高齢者だけの特性ではないことも明らかになってきています。確かに多くの高齢者が回想をしますが、ある追跡調査から、大人になったら早い段階から折に触れてライフレビューすることが明らかになっています。

高齢期は、それまで過ごしてきた長い人生を振り返る、まとめの時期と言われます。一方で高齢者自身の健康面や取り巻く環境には、それまでとは異なる変化が起こりやすい時期でもあります。ライフレビューの背景にある最も重要な概念の一つは、エリクソンの唱えた生涯発達理論の８段階の課題である「統合」です。さらに、高齢者の良質なライフレビューを行うには、よき聴き手が必要であると言われます。

回想の効果は三つに大別されます[8]。

（1）個人・個人内面への効果

①ライフレビューをうながし、過去からの問題解決と再組織化および再統合を図る。

②アイデンティティの形成に役立つ。

③自己の連続性への確信を生み出す。

④自分自身を快適にする。

⑤訪れる死のサインに伴う不安を和らげる。

⑥自尊感情を高める。

（2）対人関係への効果

①対人関係の進展をうながす。

②生活を活性化し、楽しみをつくる。

③社会的な習慣や社会的な技術を取り戻し、新しい役割を担う。

④世代交流をうながす。

⑤新しい環境への適応をうながす。

（3）上記以外で個別に実施した場合の効果

①人生への後悔や不満足感を乗り越え、安定したこころの状態をつくる。

②抑うつ状態を軽くさせ、落ち込んだ気持ちを回復させる。

③自分の人生に対する自信を高める。

ライフレビューを活用した閉じこもり高齢者支援の実際

最初に、我が国の介護予防事業における閉じこもり予防・支援の考え方を整理します。

一次予防：生活が自立している（元気な）高齢者を閉じこもりにしない取り組み。

二次予防：閉じこもりの人を含めて、閉じこもり傾向にある人、閉じこもりになるリスクが高い人に対する、閉じこもりの早期発見・早期取り組み。

三次予防：閉じこもりの人を対象に、介護が必要な状態にしないための取り組み。

ちなみに、本章で紹介するライフレビューを活用した支援は、介護予防事業において二次予防の対象者となった人を対象としています。

さて、閉じこもり予防・支援は、認知症・うつなどへの対応に比べると、対応の遅れが否めません。その理由は、閉じこもり高齢者は外出をほとんどしない生活を送っているため、スクリーニングのための集団健診などに来ない人が多く、発見が困難なことです。さらに、発見できても通所ケアに結びつかないケースが多いのです。閉じこもり高齢者は理由があって閉じこもっています。通所ケアをすすめられても、外出への自己効力感の低さから外出を拒否されます（なお自己効力感とは、バンデューラが提唱した、行動を変えることに影響を及ぼす、前もって考える予期機能の一つです。自分にはこのようなことがここまでできるのだ、という考えのことを指します）。そこで、通所ケアを提案する前に、ライフレビューで高齢者の心理面や閉じこもる理由を理解した上で、その人らしさを尊重した支援法を考えることが必要です。

ライフレビューの利点は、個別訪問で行うことができ、支援の際に道具が必要ないことです。閉じこもり高齢者は地域活動の誘いかけに容易には応じません。その理由として、地域活動の内容は閉じこもり高齢者のニーズにマッチしないことにあります。そのような高齢者が楽しいと思える活動が少ないのがその理由です。閉じこもる理由はそれぞれであり、閉じこもりを解消する糸口や支援の手がかりは対象者自身にしかありません。それを探るためのツールとして、アメリカにおけるホームバウンド（外出の頻度が週1回以下に落ち込んでいる、いわゆる「家しばり」）高齢者へのライフレビューによる支援にヒントを得て、日本での活用に至りました。しかし、これが唯一の支援法ではありません。しゃべることに抵抗感を示す方、不得意な方もいますので、私たちは、のちほどご紹介する創作活動を通じた支援を考案しました。

ここで、参考とした研究を紹介します。ホームバウンド高齢者への心理的支援に関する研究[3]です。閉じこもりは諸外国でいうホームバウンドとよく似ています。ただ、外出頻度で状態を見る点は共通ですが、閉じこもりのように要介護状態のリスクファクターではないため、厳密には同じものとは言えません。ホームバウンドは隣近所との距離が何kmもある場所に住んでおり、医療が届かない対象と位置づけられます。この研究では週1回で計6回のライフレビューを用いた訪問によって、対象者の主観的な生活の質や感情の状態に改善がありました。[3]

私たちが実践している閉じこもり高齢者への支援プログラム[7]を説明します。訪問は対象者1人あたり、週1回で計6回行います。1回あたり原則として60分です。健康情報の提供が15分、心理療法の一つであるライフレビューが45分で構成されたプログラムです。面接者は充分なトレーニングを受けた行政機関の保健師・看護師などです。なお、本プログラムはホームバウンドの高齢者に用いたライフレビューをアレンジしたものです。ホームバウンドの高齢者へのライフレビューは、質問項目などは全て決められていました。一方、閉じこもり高齢者へのライフレビューは、質問項目をある程度設定しますが、高齢者の反応に従い、柔軟性をもたせています。ライフレビューは過去に解決できずにいた問題に再び向き合うことにより，問題を新たに評価し，自身の人生に位置づけることで，人生への自信と自己効力感を向上させます。その結果，間接的に外出をうながし，閉じこもり解消をめざすものです。詳細は厚生労働省の「介護予防マニュアル」[7]をご参照ください。

ここではある自治体で実施したライフレビュー型訪問事業の一例[2][5]を紹介します。

Aさん：80歳代男性，閉じこもり歴3年，閉じこもりの理由は妻の介護（表5-1）。

経　過：初回から3回目までは，妻の介護の愚痴は自ら語りましたが，テーマについては刺激があれば回想するものの，まったく楽しんでいない様子でした。4回目に青・壮年期をテーマにすると，仕事仲間との付き合いについて活発に応答し，時折楽しんでいる様子がうかがえました。また，毎日近所の仕事仲間も訪ねるようになりました。5～6回目は訪問を心待ちにし，ライフレビューを楽しみました。

訪問前後の評価尺度の比較：実施後には生活の質の評価尺度であるWHO-5はプラス5点，日常生活活動などの自立の目安である老研式活動能力指標の知的能動性・社会的役割はプラス3点の変化が見られ，プログラム実施後にAさんの外出する頻度は週1回以上になりました。

また，ライフレビューは同居する家族にも影響を与えます。Aさんのご家族および何組かのご家族の感想を紹介します。「毎回保健師の方とお会いすることが楽しみだった様子。少しでも自分で難聴者用のカードなどを見せながら人と付き合おうという変化があった。訪問日は，部屋の片づけをし，身支度を念入りにするなど刺激があってよかった。昔の話をいろいろと思い出しながら話している時は，本当に生き生きしていた」などです。

ライフレビュー訪問で，高齢者が元気になり，部屋の片づけなど生活の活性化が認められると家族への好影

表5-1 ライフレビューでの支援経過の例

〈ライフレビュー経過〉

事例A 80歳代・男性，夫婦2人暮らし，閉じこもり歴3年（理由：妻の介護）

回　数	1回	2回	3回	4回	5回	6回
健康情報のテーマ	食　事	口腔ケア	運　動	うつ予防	認知症予防	閉じこもり予防
回想のテーマ	児童期	小・中学校	青年～壮年期	青年～壮年期	老年期	人生のまとめ
回想内容	・親しかった友人 ・クラスのこと ・山遊び	・学校での遊び ・父の仕事の手伝い	・働き始めた頃の仕事 ・子育ての様子	・仕事 ・自宅の新築 ・仕事仲間との付き合い：お酒	・息子夫婦のこと ・妻の介護生活	・人生の中での楽しかった思い出：中学校時代の山遊びが，その後の趣味になった
発言回数	普通	普通	普通	普通	普通	普通
意欲・積極性	説得が必要	確認が必要	確認が必要	確認が必要	確認が必要	確認が必要
自発性・応答性	多少反応	多少反応	多少反応	**刺激されれば活発に反応**	刺激されれば活発に反応	刺激されれば活発に反応
記　憶	刺激があれば回想	刺激があれば回想	刺激があれば回想	**刺激がなくても相当な回想**	刺激がなくても相当な回想	刺激がなくても相当な回想
表情の変化	普通	普通	普通	普通	普通	普通
喜び・楽しみ	まったく楽しんでいない	まったく楽しんでいない	まったく楽しんでいない	**時折楽しんでいる**	時折楽しんでいる	時折楽しんでいる
全体的な雰囲気	普通	普通	普通	普通	普通	普通
特記事項	・妻の介護の愚痴は自分から言う ・自分からはあまり語らない	・妻の介護の愚痴は自分から言う	・妻の介護の愚痴は自分から言う	**・お酒の話になると，目を輝かせ話をする** **・毎日のように近所の仕事仲間を訪ねている**	**・座布団を用意して保健師を待っていた** **・いつもより言葉数多く，表情明るい**	・最後の訪問日を気にとめ，待っていた ・保健師に訪問のねぎらいの言葉をかける
1週間でしたこと	テレビ，家事，家族の世話	テレビ，家事，家族の世話，**新聞・雑誌を読む**	テレビ，家事，家族の世話，新聞・雑誌を読む	テレビ，家事，家族の世話，新聞・雑誌を読む，**誰かと話をする**	テレビ，家事，家族の世話，新聞・雑誌を読む，誰かと話をする	テレビ，家事，家族の世話，新聞・雑誌を読む，誰かと話をする
家族との会話	あまりしなかった	あまりしなかった		**時々した**	時々した	時々した
1週間の外出行動	外には出なかった	外には出なかった	**週1回以上外出**	週1回以上外出	週1回以上外出	週1回以上外出
1週間の外出意欲	あった	あった	あった	あった	あった	あった

響も見られます。これは活性化が見られたほとんどの人に共通しています。さらには、家族がライフレビューの内容を知ると、これまで日々幾度となく繰り返されていた高齢者の語りに対する理解が進み、その結果、高齢者への敬意が生まれ、家族の関係性が変わることもよくあるのです。

ところで、Aさんのようにライフレビューによる支援だけでうまくいくケースばかりではありません。ライフレビューの支援中に閉じこもりが解消しない場合には、その後の支援について疑問に思われた方もいると思います。具体的支援の一例をご紹介します。

Bさん：70歳代女性、閉じこもり歴10年、閉じこもりの理由は兄宅への転居

経　過：Bさんはほとんど風呂にも入らず、いつも薄汚れて、精神疾患ではないかと兄嫁が行政の相談窓口を訪れました。阪神・淡路大震災の時に被災し、兄夫婦の家に身を寄せました。保健師が訪問したところ、Bさんはごく普通の地味な女性で、精神疾患の疑いはありませんでした。その際、10年前から外出をほとんどしないこと、最近は月1回という外出頻度から閉じこもりと判断し、支援を開始しました。初回は拒否的でしたが、献身的に聴き取りを続けたところ、Bさんは生まれの複雑さや華やかさを好む兄嫁との不仲に耐えながら、ラジオから国内外の情報を毎日聴き取り、知的な生活を送っていました。ライフレビューによる訪問支援が終わった後、信頼関係を築けた訪問担当の看護師の誘いに応じ、身体機能の向上を目指すプログラムの一環として週1回散歩に出かけるようになりました。

ここからが大事なのですが、訪問看護師に支援のための時間的な余力があったため、Bさんはその後の外出支援につながりましたが、当然、つながらない人もいらっしゃいます。対象となった高齢者の、外出に向けた心の準備の状態と、自治体の支援者のキャパシティとのすり合わせがうまくいくかどうかが、継続支援の鍵と言えます。ここが閉じこもり高齢者の支援に関する次なる課題といえます。

3 閉じこもり高齢者の家族と居場所感、そして社会的孤立予防の支援

閉じこもりをもたらす家族の影響

閉じこもりという生活に家族はどのように影響をもたらしているのでしょうか。「閉じこもりは一人暮らしが多い」。マスメディアを含め、そう思っている方が実に多いのです。

現実はまったく逆です。例外的に、ソーシャルネットワークに恵まれた一人暮らしの閉じこもり高齢者はいますが。ちょっと考えてみてください。一人暮らしで閉じこもり生活を送っていたら、生活が立ち行かなくなり、生命を脅かすことは想像にかたくありませんので、こうした人への援助は、別に充分な検討をしなくてはならない課題です。

基本的に、閉じこもりは家族の中で作られます。閉じこもり高齢者の支援で壁となるのが、残念ながら同居する家族という場合が少なくありません。高齢者自身は支援の提供に手を挙げても、家族が訪問支援を断る場合が多いのです。家族の過剰な世話や気遣いが、高齢者にまだある能力を奪ってしまっています。ある高齢者は、配偶者が転倒による骨折で入院したことがきっかけとなり、同じような状態にならないように、同居する家族から外出を止められました。外出を止めるのは家族だけではありません。近隣住民の方が、自分の運転の邪魔になるから高齢者を一人で外に出さないようにと同居する家族にクレームをつけ、結局、家族は苦渋の決断をし、日中は外に行かないように高齢者に伝えたというケースもあります。お二人とも身体・心理的にまったく問題がありませんでした。社会的要因の一つである家族や近隣住民が、高齢者の閉じこもり生活をつくり

出す一因となりうることを、おわかりいただけたでしょうか。

一方、家族からはこのような否定的な影響ばかりではありません。特に孫は閉じこもり高齢者にとってのキーパーソンです。2年間閉じこもっていた方が孫の散歩の誘いによって、閉じこもりを解消することができました。ですから、家族の対応次第で、高齢者の閉じこもり生活が助長されたり、解消されたりすることも知っていただきたいと思います。

ところで、閉じこもり高齢者は外出する頻度が少ないため、対人接触も希薄です。また、在宅時間が長いにもかかわらず、元気な高齢者に比べ、同居する家族との会話も少ないことがわかりました。[11] つまり、この事実は、閉じこもり高齢者の家庭での居場所のなさや社会的な孤立を暗示していると考えました。

そこで、ある市に在住の、要介護認定を受けていない65歳以上85歳未満の６０００余名を対象に、社会的孤立と閉じこもりや家庭内での居場所感の関連について検討をしました。[4] 社会的な孤立とは、友人・近所の人など、同居する親族以外と顔を合わせて接する頻度を週１回未満の状態としました。先行研究で社会的な孤立状態にある高齢者の特徴は、男性、子どもがいない、無配偶者、低収入、移動能力が低い、健康状態が悪いことです。

結果、閉じこもりの男性で社会的な孤立に当てはまった人は7割、女性は5割に達しました。社会的な孤立、閉じこもりおよび居場所感が関連していました。また、一人暮らしは社会的な孤立とは無関係でした。つまり、この結果から社会的な孤立の関連要因として、閉じこもりであることや家庭における居場所感の低さが認められたのです。この研究からは、因果関係は明らかにできませんでしたが、居場所感の低さと社会的な孤立が結びついていることは明らかでした。閉じこもりとも関連があったので、閉じこもり高齢者への支援には介護予防の視点だけではなく、社会的な孤立を予防する視点からのアプローチも必要だと考えられます。

閉じこもり高齢者への、創作活動や遊びによる社会的孤立の予防支援

ここでは、閉じこもり高齢者の社会的な孤立の解消をめざし、創作活動を用いた訪問型プログラムとその効果について説明します。創作活動を活用するようになったきっかけは、以下に述べます「高齢者の遊び」という考え方に、閉じこもりによる生活範囲の狭まりがちょうど合ったからです。

遊びは子どもたちの社会的な行動の典型であり、知的な発達にとっても欠かせない重要な機能の一つです。社会性の発達という観点から遊びの発達を見ていくと、遊びのかたちには次の種類があるとされています。子どもの遊びの分類を高齢期の人に当てはめてみますと、次のようになるでしょう。

①傍観——窓から外を見ている。
②ひとり遊び——盆栽をいじっている。
③平行遊び——集会所でそれぞれ編み物をしている。
④連合遊び——老人ホームの遊戯室でカラオケを楽しんでいる。
⑤協同遊び——公園でゲートボールを楽しむ。

この考え方に当てはめた場合、閉じこもり高齢者の遊びは、傍観、ひとり遊びに該当します。したがって、遊びの視点から閉じこもりの生活の活性化、さらには外出へとつなげられないか検討しました。ライフレビューよりは、対象者にとってコミュニケーションの負担や参加回数の負担も少ない、週１回で計４回の訪問プログラムです。遊びを引き出す創作活動は折り紙、インスタントカメラ、歌唱、あやとり、川柳、プラモデルで

す。ちなみに、インスタントカメラは、毎日心に留まったものを1枚撮影し、写真の余白にマジックで一言記入してもらい、日記の代わりとしました。事前のトレーニングを受けた地元の精神保健ボランティアが2名1組で訪問しました。参加者は全員女性でした。歌唱の選択が最も多く、次いでインスタントカメラ、折り紙でした。プログラム後には外出への自己効力感、生活の質の指標であるＷＨＯ-5と社会的な交流の頻度が改善しました[4]。

以上から、創作活動による訪問支援は、女性の閉じこもり高齢者の生活の質を改善させたと言えるでしょう。創作活動による訪問が社会的な交流の改善をもたらすことがわかりました。ただし、女性に比べて社会的な孤立が多い男性では効果の検証ができていませんので、今後取り組んでいく課題と考えられます。

4　生きがいや生活の質から見た閉じこもり高齢者の生活

ここで再び、ライフレビュー訪問で出会った民生委員の妻と二人暮らしのCさんを通して、閉じこもり高齢者の生きがいや心性について考えてみましょう。

都市部に在住していたCさんは、ライフレビュー訪問の2回目に「もう（日本男性の）平均寿命を超えたから、死に支度をしなくちゃならない」ということを話しました。Cさんは団地の5階に住んでいます。以前、喫煙の際にはベランダに出ていたのですが、ある日を境に自室から出なくなってしまったと、心配した家族から支援を求められました。訪問者は3回目以降もひたすら聴くことに徹しました。すると、4回目のレビューの最後に、孫が大きくなって自分の家に遊びに来る回数が減ってきてしまった。妻に頼んで、クリスマスプレゼントも用意したのに、取りに来ないまま正月を越してしまったと語りました。孫の成長は嬉しいが、自分との接触の機会が減ることへのさみしさ、そのことがご自分の老いをより意識させたのかもしれません。その後、レビューを傍らで聞いていた妻が、お孫さんにお願いしてCさん宅へ来てもらいました。すると、Cさんは大変喜び、お孫さんが帰る時には自分の足で階段を下りて、団地の1階まで見送ったそうです。

高齢期は死が身近な時期です。この時期に自分の内面を話すことのできる良き聴き手に恵まれないと、日々の寂しさや死への不安は軽くなりません。閉じこもり支援を通して、高齢者のこころのうちや死への不安を聴くことは聴き手にも大変勉強になります。

ライフレビューの実践報告でもご紹介しましたが、趣味をもたない閉じこもり高齢者は多くいます。特に男性では顕著です。屋外での趣味がないゆえに外出する用事もないのでしょう。また、趣味や生きがいをお尋ねすると、そんな誇れるものはないと表現をされる方がかなりいます。テレビなどは毎日のように、１００歳でマスターズに出場、90歳を超えてフルマラソン、80歳でエベレスト登頂成功など、エイジレスな高齢者を報道します。それを励みに頑張る高齢者とそうではない高齢者がいます。そのような情報を自身に重ね合わせた時に、自分には自慢ができるものがないので、趣味や生きがいがないと考えている可能性も否定できません。

しかし、「趣味なんてないよ」と言われた方がある回に、毎日、新聞だけは端から端まで読んでいると話してくれました。「新聞を毎日読むなんて、趣味ではないですか」と伝えたところ、「ああ、そういえばそうかもね。世の中のことを知ることは楽しいからね」と言われました。多くの閉じこもり高齢者はライフレビュー場面で「自分は大した人間ではない」と言われます。ライフレビューを始めても、「私のこんな話はつまらなくないかい」と折にふれて確かめる方がいます。言葉の端々から、人に気を遣いながら暮らしている様子がうかがえます。

ところで、高齢期の課題としてサクセスフルエイジングは重要です。サクセスフルエイジングとは上手に年をとることです。これは、加齢による変化を見越して高齢者自身が発達のしかたや発達する環境をコントロールすることです[9]。多くの高齢者は加齢とともに、負担が大きい活動を減らし、好きで得意なことを続ける工夫をしています。先ほどのCさんは死を意識した時を境に、積極的にご自分の環境をコントロールした結果、閉じこもり生活を選択したと解釈することも可能です。閉じこもり高齢者でも、自律性をもって生活を選択したかどうかが、サクセスフルエイジングに到達するか否かを決める可能性があります。確かに閉じこもり高齢者は趣味・生きがいがない人が多いのです。しかし、閉じこもり高齢者だからと言って、サクセスフルエイジングを実現していないとは言い切れません。ですので、今後は高齢者の閉じこもりの、生活の質との関連や、サクセスフルエイジングに関する研究成果が期待されるところです。

今後の課題

閉じこもり高齢者の支援には課題が山積みです。一つ目は、先述のとおり対象者を把握する難しさです。二つ目は、支援が必要な人に対する行政専門職の側の人材不足です。どの自治体も二次予防対象者が多いので、行政の専門家が訪問に人員を割くことが困難な状況にあります。三つ目は、支援の対象者が見つかっても、支援を拒否される場合が多いのです。

なによりも、閉じこもりのリスクなどを元気なうちから高齢者や次世代に伝えて、閉じこもらない生活を支援していくこと、すなわち一次予防を強力に展開していくことが必須でしょう。その上で、閉じこもっていても高齢者自身がサクセスフルエイジングを実現し、心豊かな生活を送ることができる支援が望まれています。

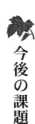

第６章

高齢者のうつ病を防ぐために

——本人とまわりの人にできること

【小野口航・福川康之】

1 はじめに

高齢者の生活の質は、生物（身体）、心理、社会的な諸要因によって決まります。本章では、このうち心理的要因、なかでも「うつ病」に焦点を当てて、その対策を論じていきます。うつ病にかかると、食事や睡眠といった、人間が生きていく上で基本となる活動や機能が妨げられ、高齢者の生活の質は大きく低下する可能性があります。加えて、うつ病は、認知症と並んで、高齢者の発生リスクが高い精神障害です。このため、うつ病とその予防は、老年学や老年心理学の研究者にとって、大変関心の高いテーマとなっています。

カプランは、精神障害の三つの予防の手だてとして、一次予防（精神障害の発生を抑える手だて）、二次予防（精神障害の治療期間を短縮する手だて）、三次予防（精神障害の後遺症を減らす手だて）を挙げています[1]。この考えを述べた彼の本が出版された１９６４年当時のアメリカは、精神障害に対する差別や偏見が根強く、患者は可能なかぎり病院に閉じ込めておくべきであると考える人たちも少なくありませんでした。こうした状況のもとでは、患者の生活の質に対する配慮は薄く、精神障害に対する予防的アプローチへの理解も不十分でした。しかしながら、「予防精神医学」の考えにもとづいたカプランの主張が徐々に認められ、有効な薬物療法や精神療法も確立された現在では、病院から解放された多くの患者たちが、地域で充実した生活を営めるようになっています。ただしそのぶん、今度は彼らが地域で暮らしていくためのスキルを身につけたり、反対に、地域が彼らに生活しやすい環境を提供する、といった新たな取り組みの必要性が言われるようになりました。

そこで本章では、カプランが唱える三つの予防ステージのそれぞれで、うつ病（ないしうつ状態）のケアに関して知っておくべきことがらを、①高齢者自身によるケア、②家族や友人によるケア、③地域や専門家によるケア、に分けて述べていきます。これにより読者は、高齢者のうつ病予防と生活の質の向上を考えるための主な論点を一望できるはずです。

2　高齢者のうつ病と一次予防

うがいや手洗いをすれば、体内へのウィルスの侵入が防がれ、風邪にかかりにくくなります。一次予防は、このような、私たちが病気そのものにかからないようにする取り組みです。うつ病は「心の風邪」と呼ばれるように、決して珍しい病気ではありません。高齢者がうつ病に陥ることなく、生活の質を保つための一次予防には、どのような対策があるか、以下で考えていきましょう。

高齢者自身によるケア——生活習慣を改善する

食事や運動などの生活習慣と高齢者の健康や長寿との関連については、本書の第I部で詳しく述べられています。元気な高齢者に秘訣を聞くと、たいていは実践中の「体に良い」習慣を教えてくれるはずです。うつ病の一次予防に有効な生活習慣も、老年学や老年心理学の分野で大いに検討されています。

ここでは、運動習慣がうつ病のさまざまな症状（抑うつ症状）を軽くするのに有効であることを明らかにした、私たちの研究[2]を紹介します。私たちは、はじめに第一次調査として、１０００名を超える中高年者に万歩計を1週間貸し出し、起床から就寝までのあいだ、できるだけ身につけて生活するよう依頼しました。これにより彼らの日常の軽い運動の程度（歩行量）を測定したのです。次に、2年後に同じ人を対象に追跡調査を行い、今度は彼らの抑うつ症状を測定しました。そして、第一次調査で測定した歩行量と2年後の抑うつ状態との関連を調べたところ、第一次調査の時にたくさん歩いていた人ほど、2年後の抑うつ症状が軽いことが明らかとなりました。ただし、このような歩行による抑うつ軽減の効果は、高齢者には顕著でしたが、中年者にはさほど認められませんでした。

歩行（運動）が抑うつ症状を軽くするメカニズムには、生理的な経路と心理的な経路が考えられています。生理的な経路としては、運動がβエンドルフィン（気分を高揚させる神経伝達物質）の生成や分泌を高めたり、ＨＰＡ系と呼ばれるストレス刺激に対する生体の反応を整えたりすると考えられています。他方、心理的な経路としては、運動が達成感を高めたり、気分転換になったりすることがあるようです。この研究の結果は、中年者よりも基礎体力や活動性に劣る高齢者にとっては、日常的な歩行でも、うつ病の一次予防に十分な効果がある可能性を示しています。

メディアなどでは、時にスポーツジムに通って激しく体を鍛える「スーパー高齢者」を見かけますが、彼らの多くは若い頃から運動の習慣があった人です。他方、「普通の高齢者」が健康のため新たに運動を始めようと思ったら、長く続けられることや、怪我のリスクを避けるための工夫が必要です。例えば、日常的な歩行を「散歩」として習慣づけることは、多くの高齢者にとって容易なことでしょう。このように、一次予防を行うには、高齢者が自分の体力やライフスタイルに合った方法を選ぶことが大切です。

家族や友人によるケア――ソーシャル・サポートを提供する

結婚や引っ越し、失業、借金など、人が経験する生活上のさまざまな出来事（ライフイベント）は、時にストレスとなって心身の不調を引き起こします。家族や友人など、親しい人物との死別は、老年期の代表的なライフイベントですが、この経験が、高齢者のうつ病やうつ状態のきっかけとなることが多くの研究で明らかになっています。そこで、老年心理学の分野では、死別の悪影響を和らげるさまざまな要因が検討されてきました。ソーシャル・サポートと呼ばれる、ストレス状況下で個人が周囲の人間関係から得られる援助は、そうした要因の一つです。

たとえば岡林ら[8]は、配偶者（夫や妻）と死別した高齢者を対象に調査を行って、家族や知人から受ける情緒的サポート（いたわりや思いやり、悩み事や心配事の傾聴）と精神的健康（抑うつ状態）との関連を調べています。この結果、死別の直後に周囲から少ないサポートしか受けていなかった高齢者が、高い抑うつ状態を示していたのに対して、多くのサポートを受けていた高齢者は、死別体験のない高齢者や、死別から長い時間が経った高齢者と同じくらい、精神的な健康を保てていたことが明らかとなりました。このように、最も身近な家族である配偶者を失った高齢者でも、子どもや友人が気にかけてくれたり、気持ちを受け止めてくれたりすることで、抑うつ状態が長引いたり、うつ病につながる悪化を免れることができるのです。

高齢者のライフイベント研究のなかで、配偶者との死別がとりわけ重視されているのは、この出来事が、強い悲しみや喪失感だけでなく、ライフスタイルや社会生活にも変化をもたらす可能性があるからです。特に男性高齢者は、食事や掃除といった家事はもとより、趣味活動や外出をうながす人間関係を築く上でも、妻に依存する傾向があるため、死別によって受ける悪影響も大きくなりがちです。ソーシャル・サポートのなかには、先の岡林らの研究で検討された情緒的サポート以外にも、金銭的な援助や看病（道具的サポート）や、問題解決のための情報提供（情報的サポート）などがあります。さまざまな場面で適切な種類のサポートを提供できれば、高齢者のストレスが効果的に緩和され、心身の健康も維持できるでしょう。

地域や専門家によるケア――住みよいまちにする

高齢化が進むと、私たちが生活する地域の様子も変わります。たとえば、都市部を中心に一人暮らしの高齢者が増えています。また、人口の半数以上が高齢者で、コミュニティの維持が難しくなった過疎の村（限界集落）も現れています。こうした生活環境の変化が、孤立死（孤独死）のように新たな高齢者問題を引き起こしている可能性があります。孤立した高齢者の多くは部屋に閉じこもりがちで、酒の飲みすぎが日常になるなど、うつ病の発症リスクが高い人たちです。そこで、うつ病の一次予防の観点からも、高齢者が孤立することなく暮らせる地域のあり方を考える必要があります。

地域の住民同士が互いに信頼し、助け合う意識をもっていること、あるいは、そうした自発的な協力関係が育まれるネットワークがあることは、高齢者が安心で安全に暮らすための必要条件かもしれません。ソーシャル・キャピタル（社会関係資本）と呼ばれるこれらの特性は、はじめは社会の効率性を高める概念として、経済学や政治学の分野で注目されていましたが、近年、社会疫学や公衆衛生学の分野において、死亡率を抑えたり、心身の健康を助けたりする効果のあることが指摘されています。高齢者を対象とした大規模な調査においても、助け合いの意識が強い高齢者が多く住む地域や、ボランティア・市民運動・スポーツクラブなどに参加する高齢者が多く住む地域では、高齢者のうつ病の発症リスクが低いことが明らかとなっています[3]。

ソーシャル・キャピタルという概念の興味深いところは、単に信頼感や助け合い意識が強い個人（いわゆる「いい人」）が健康なのではなく、「よい価値観」を共有できる隣人をもつことが、健康に生活するうえで重要であることを示している点です。高齢者の健康の促進を目的とした地域の介入は、これまで、遺伝、性格、生活習慣など、彼らが個人としてもっているミクロな特徴に合わせて計画・実践されてきました。もちろんこうした方法は今でも重要ですが、地域で有効な健康増進活動を行うにあたって、これまでのアプローチに限界があるのも事実です。大きな震災をいくつか経験した我が国では、新たな「まちづくり」が進んでいますが、住み慣れない環境で暮らす高齢者がうつ病を発症するケースも報告されています。ソーシャル・キャピタルのようなマクロな人間関係を、地域でどのように、あらためてつくり出していくかも復興の課題の一つです。

3　高齢者のうつ病と二次予防

うがいや手洗いを毎日行っていても、時に風邪ウィルスは私たちの体内に侵入します。すると、くしゃみ、鼻水、喉の痛みなど、おなじみのさまざまな症状が現れるでしょう。この時、仕事をセーブしたり早めに就寝したりすれば、肺炎や気管支炎などの合併症や、長期入院などにならずに済むはずです。このように、病気の初期症状を素早く感知して対処し、重症化を防ぐ健康行動は、二次予防と呼ばれています。高齢者が重度のうつ病に至らないために、早期発見・早期治療の原則をどのように行うべきか、考えていきましょう。

高齢者自身によるケア――病気の特徴を知る

アメリカ精神医学会の基準によると、うつ病の最も特徴的な症状は、①抑うつ気分（悲しみ、空虚感、絶望感など）と、②興味や喜びの喪失です。高齢者のうつ病の特徴として、①よりも②が主な症状となる場合が多いことが指摘されています。[4] これらの次に注意すべき症状は、③食欲の減退（または増加）、④不眠（または過眠）、⑤精神運動制止（緩慢な動作や焦燥感）、⑥疲労感や気力の減退、⑦無価値感や罪悪感、⑧思考力や集中力の低下、⑨自殺願望や自殺企図です。そして、これら九つの症状のうちの五つ（そのうち少なくとも一つは①か②）以上の症状が同時に2週間以上続く場合、まずはうつ病の疑いありと判断されます。ただし、このような判断をする際には、これらの症状が、「普段の自分には見られない」ことが重要です。いつもは元気で明るく、生活習慣も安定していたのに、「人が変わったようになる」ことがうつ病の「病気」たるゆえんです。

　これらの症状を自覚した時、高齢者は「年を取ったからしかたない」とか「ボケてしまったのではないか」などと思いがちです。しかしこれは、正常老化（誰でも起こる加齢現象）や病的老化（認知症など正常老化の範囲を逸脱した老年病）の兆候を、うつ病の症状と混同している可能性があります。こうした誤解は、二次予防の遅れにつながりかねないので、日頃から、うつ病だけでなく、老化や老年病に対する知識も深めておく必要があるでしょう。

　このほか、老年期のうつ病の特徴として、便秘、肩こり、頭痛や腰痛、動悸などが生じる場合があります。「仮面うつ病」と呼ばれるこうした病気の症状は、精神面よりも身体面での不調（身体的愁訴）が目立つため、さまざまな診療科でたらい回しに検査を受けたあと、最後に精神科を受診することになります。このような振舞いも、二次予防を遅らせる原因となるので注意が必要です。

うつ病が疑われたら、まずは専門家に相談することが大切です。日頃から住まいの近くに精神科クリニックや心療内科があるかを確認しておきましょう。うつ病以外の身体疾患で通院していたり、主治医をもっていたりする方は、うつ病の疑いがあるときにどこに相談したらよいか尋ねておくことも有効です。このように、必要な場面で周囲に適切な支援を求められることも、セルフケアの重要な側面です。

家族や友人によるケア――受診をうながす

うつ病の特殊な症状に妄想があります。罪業妄想（「みんなに迷惑をかけている」）、心気妄想（「不治の病で余命わずかだ」）、貧困妄想（「お金がなくて暮らしていけない」）などが代表例です。これらの妄想がある高齢者は、現実を客観的に判断できないので、自分がうつ病であるとか、精神科を受診しようとはあまり考えません。かといって、専門家が日頃から地域の高齢者一人ひとりの様子に注意を払うことも困難でしょう。そこで、高齢者のそばにいる家族や友人には、うつ病の二次予防の実践者として、彼らの病変にいち早く気づいて受診をうながす役割が期待されます。ただしこの時、非現実的な妄想を端から否定し、「頭の病院に行け」と勧めても、本人はかたくなになり、かえってうまくいきません。妄想の誤りを指摘したり、自分の判断を押しつけたりすることは控えて、まずは本人の感じているつらさに共感的に耳を傾ける姿勢が大切です。その上で、つらさを少しでも軽くするために、彼らが自分から専門家を頼る気になるよう、上手に導いてほしいところです。

妄想ほどはっきりした異常ではないものの、家族や友人が気づきやすいうつ病の初期症状の一例として、ここでは睡眠障害を挙げておきます。睡眠障害には、入眠困難（寝つきが悪い）、中途覚醒（夜中に目が覚める）、早朝覚醒（朝早く目が覚める）、睡眠効率（横になっている時間に対する実際の睡眠時間の割合）の悪化、などがありますが、いずれも熟眠感（生活の質の一要素です）を低下させる点では共通しています。オーストラリアの中高年者を対象とした研究[7]では、これら睡眠障害の諸症状のうち、うつ病者は、健常者よりも中途覚醒後の再入眠（寝直し）が困難であること、睡眠効率が悪いこと、熟眠感が低いことが明らかとなっています。さらに、高齢でうつ病を発症した患者には、入眠困難や睡眠効率の悪化が認められやすいこともわかりました。家族や友人は、身近な高齢者にこうした問題や訴えがないか観察したり、必要に応じてさりげなく尋ねてみたりするとよいでしょう。妄想の存在などには否定的でも、こうした身体面の不調については、本人も比較的素直に答えるものです。また、近年の心理学や脳科学の発展により、睡眠は、単なる休息ではなく、気分の安定や認知機能の向上、記憶の定着などにも役立つことがわかってきました。こうした科学的な根拠を示して睡眠の重要性を理解させ、受診への動機づけを行うことも一つのアイディアでしょう。

地域や専門家によるケア――うつ病予備軍を見つけ出す

うつ病やうつ状態が疑われても、ただちに受診すべきかわからなかったり、抵抗を覚えたりする高齢者は少なくありません。そのような方のために、都道府県や政令指定都市が電話相談のサービスを提供しています（取りまとめをしている厚生労働省のホームページなどから、最寄りの窓口を探すことができます）。心を専門に診る病院の種類や主な治療法、医療機関の選び方、受診の仕方など、高齢者本人はもとより、家族や友人など、非専門家なら誰でも判断に迷う基本的な事柄について、有意義なアドバイスが得られるでしょう。こうしたサービス以外にも、自治体のなかには、管轄地域の住民の健康管理の一環として、潜在的なうつ病者（うつ病予備軍）を早期に発見するために独自の取り組みを行っているところがあります。ここでは、そうした取り組みの一つとして、青森県の農村地域で実施された高齢者のうつ病と自殺予防に関するプロジェクト[10]を見てみましょう。

このプロジェクトは、自治体が大学の研究者や病院のスタッフなどと連携して、以下の段階を経て進められました。まず、予備的段階として、自殺率が高く、周囲に精神科の専門病院がない地域に住む高齢者（60歳以上）のなかから一定の人数を選んで郵送調査を行い、うつ状態の高齢者が多く住む地域を特定しました。次の段階では、こうしたハイリスク地域に住むすべての高齢者に質問紙を郵送し、うつ病予備軍を選別（一次スクリーニング）しました。さらに、一次スクリーニングで選別された高齢者一人ひとりに、保健師や精神保健福祉士による専門的なインタビューや、精神科医による診断が行われました（二次スクリーニング）。そして、二次スクリーニングの段階で問題ありと判断された高齢者には、精神科を紹介したり、保健師や精神保健福祉士があらためて訪問したりする介入を行ったのです。こうした介入の効果は明らかで、この地域の男性高齢者の自殺リスクは、介入前と比べて約6割、女性高齢者でも4割減少したことが報告されています。

このように周到に計画された大規模かつ包括的な二次予防の取り組みは、非専門家である高齢者やその家族・友人が個人で実践できる範囲を超えています。しかし、特殊な職権や知識、技能をもった専門家が協力すれば、個人レベルのアプローチとは異なる、地域ならではの効果的なうつ病対策が可能となるのです。

4　高齢者のうつ病と三次予防

軽い風邪が、時に高齢者のＡＤＬ（食事や移動などの日常生活動作）を阻害したり、他の重い疾患を引き起こしたりすることがあります。三次予防は、こうした病気の深刻化や治療の長期化、あるいは、病気によって残る障害や後遺症を最小化するための手だてです。うつ病は、一度かかると付き合いが長くなりがちな病気です。このため、社会復帰のためのリハビリテーションや、再発予防の取り組み、ハンディキャップがありながらも充実した生き方ができるようにする三次予防の取り組みが重要となります。

高齢者自身によるケア――治療に取り組む

うつ病治療の三本柱は、環境調整、薬物療法、精神療法（カウンセリング）、です。環境調整が重要なのは、うつ病もしくはうつ病になりやすい人の多くが「頑張りすぎてしまう」傾向にあること、また、焦燥感や罪悪感など、うつ病の症状自体が治療の継続の妨げとなることがあるからです。このため、うつ病者には、「休養するための環境」を整えることが大切となります。自分が病気であるという意識（病識）をもち、治療とリハビリテーションにじっくり取り組むことが再発予防につながります。

高齢者のうつ病の薬物療法においては、まず、老化による身体の生理機能の変化が薬への反応性を高めたり副作用を強めたりすること（薬物動態学的変化）に注意すべきです。また、加齢により生じたさまざまな身体疾患のための治療薬とうつ病の治療薬との併用（多剤併用）が、時に不穏な症状を出現させる場合があります。これらの薬物の作用に関して自分で判断することは危険です。うつ病の診察を受ける際に、他の病気の治療を受けていることを申告したり、服薬中の薬を持参したりしましょう。

うつ病の代表的な精神療法に認知行動療法（Cognitive Behavioral Therapy: CBT）があります。うつ病や抑うつ状態の人は、①失敗をすべて自分のせいにする、②失敗した自分のすべてがダメだと思う、③これからも失敗し続けると思う、といった悲観的な考えに陥りがちです。ＣＢＴでは、このようなネガティブな確信（認知）を、その現実性や根拠の有無などの観点から点検・修正したり、リハーサルやホームワークを行って自動的に生じさせないように訓練したりするのです。我が国では、２０１０年よりＣＢＴに保険診療が適用され、週１回のセッションを16回程度続けることで、効果があるとされています。

なお、高齢者に認知行動療法を適用する際には特別な配慮が必要です。たとえば、治療のゴールを高く設定しすぎないこと、他の身体疾患の併存などに配慮して適切に休憩を入れること、セッションで学んだことを忘れないためのメモを用いること、一セッションを短くしたりセッション間隔を調整したりすること、自信をつけるフィードバックを行うこと、などが推奨されています[11]。認知症を併発している高齢者には、回想法（過去の思い出を誰かに話すことで脳を活性化し、精神状態を安定させる療法。本書第8章を参照）も有用と言われています。

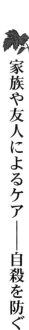

家族や友人によるケア——自殺を防ぐ

うつ病と関連の深い問題行動の一つに自殺があります。特に、症状が軽減する回復期や退院直後は、今後の生活に適応するための現実的な課題を意識し始めて不安が高まり、自殺に至りやすいと言われています。社会復帰やリハビリテーションに着目する三次予防は、その意味では自殺予防の重要な役割を担っていると言えるでしょう。我が国の自殺者のうち、およそ4分の1が65歳以上の高齢者で、このうち4分の3にはうつ病やうつ状態の兆候があったと言われています。高齢者のうつ病予防が自殺予防の重要な手だてとされるゆえんです。

焦りや罪悪感などのうつ病の症状やアルコールの影響で悲観的になり、本人が自殺衝動をコントロールできなくなることがあります。また、地域のヘルスケアスタッフなどによる見回り活動では、いざというとき手遅れとなりがちです。そんな時、身近にいる家族や友人が適切な危機介入を行うことで、高齢者の自殺を防ぐことができるはずです。高齢者の自殺につながる要因として、①衰えによる身体的な不調や身体疾患への罹患、②死別や離職などのさまざまな喪失体験、③個人的な悩み、④同居する家族に相談できる人がいない、⑤サポートが少ない、⑥孤独な状況、などが指摘されています。[9] 家族や友人は、高齢者の自殺リスクを高めるこれらの要因を理解しておく必要があります。

身近な高齢者の自殺の危険を察知した時、家族や友人はどうすればよいでしょうか。精神保健福祉法の規定では、「精神障害のために自身を傷つけ又は他人に害を及ぼすおそれ」（自傷他害のおそれ）のある者に気づいた家族や友人は、警察への通報などを行って、資格のある医師（指定医）による診察を受けさせ、必要なら一定期間、公費で入院させることができます（措置入院の規定）。また、自傷他害のおそれがなくても、入院の必要がある精神症状が認められる者に対しては、配偶者などの家族（保護者）が同意すれば、やはり指定医の診察に基づき一定期間入院させることができるのです（医療保護入院の規定）。こうした強制入院の規定に基づいて法的な判断をする際には、患者本人の意思や権利に最大限配慮する必要がありますが、家族や友人が、大切な人の命を積極的に守れる場合があることも知っておいてください。

地域や専門家によるケア——生活の足場を作る

精神障害が完治したり寛解《かんかい》（症状が落ち着いて安定した状態）した患者でも、地域に受け皿がなければ社会復帰後の再発が起こりやすく、入退院を繰り返すことになります。こうした「回転ドア現象」は、地域精神保健の領域で古くから問題とされてきました。うつ病の高齢者も、長期の入院や通院治療の過程で転居や退職、趣味活動の休止を余儀なくされ、再発防止に役立つ家族や友人との関係が断たれてしまいがちです。そこで、地域や専門家には、うつ病やうつ病予備軍の高齢者が社会とのつながりを確保できるようサポートし、「回転ドア」の悪循環を断つ役割が期待されます。

亀井らは、高齢者が社会関係を築くための積極的な介入は、地縁や血縁が薄い都市部でとりわけニーズが高いことを指摘しています[5]。そして、日頃、他者との接触が少ない都市部の高齢者が、彼らの孫世代の子どもたちと世代をまたいで交流するプログラムを開発し、心理的な健康に及ぼす効果を検証しています。地域の試みらしく、研究グループと住民が連携しながら、町内会、包括支援センター、学校などを通じて参加者の募集が行われました。そのうえで、この募集に応じた高齢者と小中学生が、菓子やちぎり絵作り、集団ゲーム、芸術家の講話会など、さまざまなプログラムに一緒になって参加することで、世代間のコミュニケーションの促進が図られたのです。1年に渡り断続的に行われたこのプログラムは、高齢者の抑うつ状態を改善する効果のあることが明らかとなりました。

この研究では、プログラム中の高齢者と子どもたちとの交流の様子（行動・言語・表情など）がスタッフにより観察・記録されたデータも分析・報告されています。これによると、はじめは欠席しがちであった高齢者が、子どもが隣に座ると笑顔を見せて話しかけたり、おやつを差し出したりするようになったり、あるいは、配偶者を亡くして落ち込んでいた高齢者が、得意な紙細工の制作をプログラムに取り入れることで前向きな発言が増え、子どもを気にかけた行動や参加者との自然なコミュニケーションが生じるようになったりしたそうです。このように、世代間の交流は、子どもたちに高齢者ならではの経験や知恵を披露できる機会であり、これを通じて彼らが自信や心の健康を取り戻すユニークなプログラムと言えるでしょう。

5　おわりに

本章の「はじめに」でふれたカプランの著書（『予防精神医学[1]』）が翻訳・出版された1970年に、日本の高齢化率（65歳以上の人口が全人口に占める割合）は「高齢化社会」の基準（7％）を超えました。認知症になった舅《しゅうと》の介護に追われる嫁の葛藤を描いた有吉佐和子の小説『恍惚の人』が、ベストセラーとなったのもこの頃（１９７２年）です。高度経済成長が終わりつつあったこの時期、私たちの社会は、長寿を保障する高度な医療への信頼と、それがもたらす未来に対する一抹の不安を背景に高齢化の道へと踏み出したのです。

それから半世紀が過ぎた現在（２０１５年）、日本の高齢化率は26・７％となり、「超高齢社会」（高齢化率21％以上）と呼ばれる域に達しています。超高齢社会とは、単に高齢者が多い社会のことではありません。生活水準、活動能力、家族構成、居住地域など、さまざまな点で異なる高齢者が存在していることが、超高齢社会の本質なのです。カプランは、社会の高齢化が進むと世代間のギャップが広がり、地域社会の分断や、精神障害の予防活動の停滞を招くこと、このため、高齢者向けの特別な援助が必要であることを指摘していました。多様な高齢者が住まう現在の私たちの社会は、果たして、彼の目にどう映るでしょうか。

２０１１年度の国民生活選好度調査[6]によると、自分の老後に明るい見通しをもっていると回答した人の割合は14・４％で、前回調査（２００８年度）から２・６％ポイント増加しました。この値が増加したのは、１９８４年度以来27年ぶりのことで、特に10代における値の増加が顕著だったようです。これまで、日本の若者が高齢者や高齢社会に抱くイメージは、概してネガティブであると言われてきました。しかしながら、カプランの時代よりもはるかに長寿化が進んだ社会を生きる私たちのこころは、それにふさわしく成熟しつつあるのかもしれません。今後もしばらく高齢化が進む我が国において（２０６０年頃の高齢化率40％程度がピークとなると予測されています）、こうした傾向が、高齢者のうつ病や生活の質にどのような影響を及ぼすか、興味の尽きないところです。

第Ⅲ部

認知症の人と家族を支える心理学

第7章 認知症とはどんな病気か
――その症状と介護する家族

【加藤伸司】

1 はじめに

我が国では高齢者人口が年々増加しており、これと関連して認知症の人の数も増え続けています。認知症の有病率は、65歳以上人口の約15%と言われており、2012年の報告では推計で462万人の認知症の人がいると言われています[2]。また認知症は、加齢に伴って有病率が高くなることが知られており、85歳以上になると約40%、90歳以上で約60%、95歳以上になると約80%が認知症になると考えられています。すなわち、年齢が高いほど発症の危険性は高くなっていきます。認知症の問題は、高齢者だけの問題ではなく、65歳未満の人に発症する若年認知症の人たちも3・78万人いると言われています[1]。認知症の人と、介護する家族をどう支援するかという問題は、医療や介護の問題だけではなく、多くの領域の人たちが協働で取り組まなければならない課題でもあります。

2 認知症という病気の理解

生理的老化と認知症の違い

認知症は「もの忘れ」が目立つ病気と言われますが、もの忘れは、認知症の人たちだけではなく、私たちにも起こります。ここでは一般の人でも起こるもの忘れと、認知症の人の特徴について考えてみましょう。

生理的老化によるもの忘れは、体験の一部分のもの忘れにすぎません。例えば、昨日の夕飯に何を食べたかを聞かれても、すべてを思い出すことはできないかもしれません。このようなもの忘れは、高齢者であれば誰でも起こる可能性があります。しかし、認知症の人のもの忘れは、何を食べたかだけではなく、食べたこと自体を思い出せなくなってしまうという「体験全体のもの忘れ」が起こるのが特徴です。例えば、家に電話があって伝言を頼まれた時、相手の名前を忘れてしまうことはあるかもしれませんが、認知症の人の場合には、電話があったこと自体を忘れてしまいます。つまり、忘れていることに気がついていないことが多いのです。生理的老化に見られる「もの忘れ」は、その回数は増えていくかもしれませんが、生活していく上で、大きな支障はありません。しかし、認知症の人のもの忘れは、その回数が増えるだけではなく、その程度もだんだんひどくなり、日常生活全般に支障が起こるようになってきます（**表7-1**）。

認知症とは、さまざまな原因によって脳に病的な変化が起こり、それに伴って認知機能が低下していくもので、日常生活全般に支障が出てくる状態を指しています。

表7-1　生理的老化と認知症の違い

生理的老化	認知症の症状
一部分のもの忘れ	体験全体のもの忘れ
自覚がある	自覚がない
進行しない	進行性で悪化する
見当識は保たれる	見当識障害の出現
行動上の問題はない	行動・心理症状の出現
生活に支障はない	生活に支障をきたす

疾患別の理解

認知症とは、病名ではありません。認知症には、認知症を引き起こす原因となる疾患があり、その原因となる疾患によって病名が決まってきます。認知症の原因となる疾患は多数ありますが、代表的なものには、「アルツハイマー型認知症」「血管性認知症」「レビー小体型認知症」「前頭側頭型認知症」などがあります。

A　アルツハイマー型認知症

最も代表的な認知症はアルツハイマー型認知症であり、認知症全体の67・6％を占めています。[2] この認知症は脳細胞が死滅して脳が萎縮していく病気であり、その原因ははっきりとはわかっていません。最初の症状がもの忘れであることが多いため、周囲からは「年のせい」と思われがちです。症状が進み、周囲の人が「これは何かおかしい」と気づいて病院を受診すると、かなり進行していることも多く見られます。症状はゆっくりと進み、確実にスロープを降りるように進行するのが特徴です。

主な症状には、顕著な記憶障害と、見当識の障害、判断力の障害、実行機能の障害などがあります。記憶障害は、直前のことや先ほどの体験を忘れてしまうことが多いのですが、昔のことについては比較的よく覚えているのが特徴です。見当識障害とは、時間や場所、人などの見当がつかなくなる症状です。時間の見当識障害が起こると、今何時くらいなのか、今日は何日なのかがわからなくなっていきます。場所の見当識障害が起こると、ここがどこだかわからなくなったり、外出して道に迷うということが起こってきます。人の見当識障害が起こると、家族のことがわからなくなったり、重症になると自分自身のことがわからなくなったりします。判断力の障害は、文字どおり判断ができなくなっていく状態です。実行機能とは、物事の手順を理解して行動することです。実行機能の障害が起こると、料理を作る手順や、仕事の段取りがわからなくなったりします。

B　血管性認知症

血管性認知症とは、脳の血管障害によって起こるタイプの認知症で、認知症の19・5％を占めると言われています。[2] 血管性認知症は、脳出血や脳梗塞が原因で脳の細胞が死滅することにより発症するものですが、脳出血や脳梗塞を起こしても必ず認知症が発症するわけではなく、障害を受けた場所や大きさによって認知症が発症する場合と、そうでない場合があります。また脳梗塞の場合には、小さな脳梗塞が多発した場合に起こりやすいと言われています。脳の血管障害は、急激に発症するので、アルツハイマー型認知症と違って症状も比較的早く出現し、一般に発作後３カ月以内に起こると言われています。血管性認知症の場合には、脳の障害を受けた場所と、障害を受けていない部分によって、まだら状の症状が現れます。また、再発作を起こすたびに階段状に進行するのも特徴です。

主要な症状として認知機能の障害は起こりますが、脳の障害された部位が人によって異なるため、アルツハイマー型認知症よりも症状に個人差が大きいのが特徴です。記憶の障害よりも、衣服の着方がわからないことや、レンジの使い方がわからないなど、日常生活上に障害が見られるようになり、ささいなことで感情をあらわにするような感情面での障害も見られるようになります。

C　レビー小体型認知症

レビー小体型認知症は、認知症の4・3％を占めると言われており、比較的新しく発見された認知症です[2]。パーキンソン病と似ている病気ですが、パーキンソン病ではレビー小体と呼ばれる物質が脳幹を中心に現れるのに対し、レビー小体型認知症は、大脳皮質を中心に中枢神経系から交感神経系に至るまで広範にレビー小体がたまっていく病気で、脳の萎縮が起こっていくという特徴があります。

主要な症状としては、変動性の認知機能障害、幻視、パーキンソン症状の出現などが挙げられます。変動性の認知機能障害とは、1日のうちで、認知機能障害がほとんど見られない時間帯と、混乱した時間帯があり、それが変動するということです。幻視は、実際にないものがはっきりと見えるもので、具体的な内容を繰り返し訴えます。初期の段階では、もの忘れが目立たないため、幻視の内容を翌日もはっきり覚えていたりすることもあります。パーキンソン症状として、「小刻み歩行」「動きの遅さ・鈍さ」「関節のこわばり」「震え」などが出現します。特にパーキンソン症状によって転倒の危険性が高いため、注意が必要です。

D　前頭側頭型認知症

前頭側頭型認知症は、脳の前頭葉と側頭葉が萎縮するタイプで、認知症の1・0％を占めるという比較的まれな認知症です[2]。

主要な症状としては、「人格変化」「抑制の欠如」「社会性の欠如」などが見られます。もの忘れなどの認知機能障害は、最初の頃はあまり目立ちません。特徴的なのは、人柄が変わってしまうことであり、自分に対しても周囲に対しても無関心になっていきます。また感情表出も乏しくなり、意思の疎通が乏しくなっていくのが特徴です。自分を抑えることが難しく、自分の思うままの行動をしたり、衝動的な行動に出ることもありますが、本人は悪いことをしているという認識がなくなっていきます。社会的な規範に対する認識が乏しくなり、万引きや交通ルールの無視などが起こることもあります。他の人に配慮するというような社会性が欠如していくのも特徴です。常同行動とは、行動が固定して同じ行動をとるようになることで、毎日同じものを食べるようになる「常同的食行動」や、決まった時間に同じコースを散歩するなどの「常同的周遊」などが見られるようになり、「時刻表的生活」と呼ばれることもあります。

3 認知症の人の症状の理解と心理的理解

認知症の人の心理的特徴

認知症の症状が心理面にどのような影響を与えるのかについて、アルツハイマー型認知症を中心に考えてみましょう。認知症の人には、直前のもの忘れが起こるだけではなく、10分後の予定も覚えていることができません。このようなもの忘れによって、さっきのことも、これからのこともわからなくなっていきます。認知症の人が、「今この瞬間を生きている人」と言われるのはこのためです。いろいろなことがわからなくなる不安感や恐怖感などは多くの人に見られます。また不快感や焦燥感、怒りの感情、被害感なども見られるようになります。これらのことを具体的に考えてみましょう。

１日の生活は、朝起きてから今この時まで、連続した流れでつながっています。しかし１日の生活の記憶が何カ所も抜け落ちてしまうので、不安感や恐怖感などを抱きやすくなります。また今いる場所がわからないことや、周りの人が誰だかわからないという不安もあります。

思い出せそうなのに思い出せない不快感や、これまでどおり物事ができなくなってしまうことによる焦燥

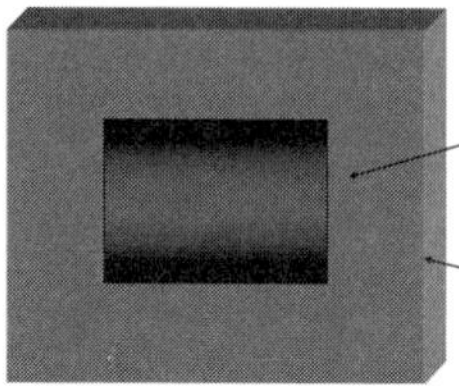

図 7-1　認知症症状の中核症状と行動・心理症状[11]

感、身に覚えのないことを指摘されたり責められたりすることによる怒りの感情、自分が確かにしまったはずのものがなくなったり、周囲の人が自分の言い分を聞いてくれない状況で起こる被害的感情などが出てくるようになります。このように認知症の症状は、心理面にさまざまな影響を与えることになるのです。

中核症状の理解と支援

認知症の中核症状と呼ばれる症状は、脳の障害が原因で出現する症状で、認知症の人に共通して見られる症状です。一方周辺にある症状は、かつては問題行動と呼ばれていましたが、近年では認知症の行動・心理症状（Behavioral and Psychological Symptoms of Dementia: BPSD）と呼ばれるようになりました[5]。行動・心理症状とは、「徘徊」や「妄想」「ケアへの抵抗」などの症状で、同じ疾患の人であっても出現の特徴はさまざまです。認知症の症状は、中核症状と行動・心理症状を併せたかたちで出現することになります[11]（図7-1）。

A　主な中核症状

認知症の原因となる疾患によって中核症状は異なりますが、ここでは代表的な認知症であるアルツハイマー型認知症の中核症状について解説していきます。アルツハイマー型認知症の中核症状には、記憶障害、見当識の障害、思考力や判断力の障害、実行機能の障害などがあります。

一つ目は、記憶障害です。もの忘れに代表される記憶障害はアルツハイマー型認知症の最も主要な症状であり、特に最近の出来事や直前のことを覚えていられなくなるのが特徴で、近時記憶の障害とも呼ばれています。

二つ目は見当識障害です。見当識の障害とは、さまざまな見当がつかなくなる症状であり、時間がわからないという時間の見当識障害のほかに、ここがどこだかわからなくなる場所の見当識障害、身近な人の見当がつかなくなる人物に対する見当識障害などがあります。時間の見当識障害では、朝と夜を間違えたり、季節がわからなくなったりすることもあります。場所の見当識障害が起こると、慣れた場所でも道に迷って家に帰れなくなるということが起こってきます。さらに病気が進んでくると、身近な人が誰だかわからなくなるという、人に対する見当識障害も起こってきます。

三つ目は思考力や判断力の障害です。私たちは一般に記憶を頼りに判断することが多いのですが、記憶の障害が起こるため判断力も低下してくることになるのです。

四つ目は実行機能の障害です。実行機能の障害が起こると、作業の手順がわからなくなってくるために、運動機能の障害がないにもかかわらず、さまざまなことができなくなっていきます。

B　中核症状が日常生活に与える影響と支援

（1）記憶障害

認知症のもの忘れの特徴は、昔のことについては比較的覚えているにもかかわらず、直前のことがわからなくなるというところにあります。自分がさっき言ったことを忘れて何度も同じことを話したり、尋ねたりするようになります。また、約束事を忘れて、待ち合わせをすっぽかしたり、買い物をしても同じものをたくさん買い込んだりすることもあります。自分がしまった場所を忘れるだけではなく，自分がしまったということ自体を忘れてしまうため探し物をすることが増え，同じところを何度も探すようになります。このように，もの忘れがひどくなると日常生活に支障が出てくるようになってきます。

このような記憶障害には，どのような支援をしていけばいいのでしょう。認知症のもの忘れは，本人が気をつければなくなるという問題ではありません。このため，もの忘れを責めるような対応は避けなければなりません。認知症の人が何度も同じことを聞いてきたとしても，認知症の人は毎回初めて聞いた感覚でいます。そのため，「だから……」とか「先ほども言いましたけど……」という対応をされると，周囲の人から責められている感じになり，このことは介護にあたる人と認知症の人の人間関係にまで影響を及ぼすことになります。同じことを尋ねてきたとしても，「だから」とか「先ほども言ったように」という言葉を使うのではなく，毎回同じように根気よく対応していくことが効果的であり，このやり方が介護にあたる人にとっても負担が少なく，認知症の人本人も傷つかずにすむ対応となるのです[7]。ただし，このようなことが頻繁に起こるということは，認知症の人の不安の表れである場合もあるため，不安の解消を図るケアを行うことや，気分を変えて別の話題にもっていくようにすることも必要になってきます。

（2）見当識の障害

時間の見当識障害が起こると，日常生活のリズムが混乱してきます。たとえば，昼と夜が逆転して夜に出かけようとすることも出てくるでしょう。場所の見当識障害が起こると，よく慣れた場所でも道に迷ったり，自分の家のトイレの場所がわからなくなったりします。人物に対する見当識障害では，家族のことを見知らぬ人と感じたりするため，本人だけではなく家族を混乱させることになります。認知症の人の見当識障害にはどのように対応すればいいのでしょうか。

時間の見当識障害が起こった場合には，時間をわかりやすくする工夫が必要となります。環境を整えるという意味では、大きな時計を見える場所に置くことが効果的であり、カレンダーの終わった日に×を書いておくことや、日めくりカレンダーを利用するなどの方法もあります。また介護にあたる人が、「もうすぐ10時だからお茶にしましょう」というように、日常会話の中に時間の話題を入れていくことも効果的です。時間の見当識障害は、認知症の人の生活のリズムを崩すことになります。そのため日常生活の日課をなるべく変えず、規則正しい生活リズムを整えていくことが重要となります[7]。

次に場所の見当識について考えてみましょう。認知症の人は、長年住み慣れた場所で道に迷うようになります。外出して道がわからなくなるようであれば、介護にあたる人が一緒に行動することが必要になってくるでしょう。特に外を歩く場合には、理解力や判断力の低下が原因で信号を無視したり、横断歩道以外で道を渡るなど危険な行動となることもあるため、十分な見守りが必要となります。また場所の見当識障害は、家の中でも起こります。例えば、自分の家のトイレの場所や、電気のスイッチの場所、引き出しの何番目に何が入っているかなどがわからなくなることも見当識障害です。このような場合には、場所を理解しやすいように、また場所の見当をつけやすいように環境を整えていくことが大切です。介護にあたる人は、さまざまな方法を試み、その人に合った環境の工夫を見出していくことが重要となります。場所の見当識障害が起こると、ここがどこだかわからないという不安を抱くので、認知症の人の不安を解消するためのケアを行っていくことも大切です[7]。

次に人物に対する見当識障害について考えてみましょう。認知症の人は、人に対する見当がつかなくなってくるので、知っている人なのに知らない人と感じたりするようになります。また人に対する見当識の障害は初期の頃にはあまり見られず、ある程度病気が進行してきた段階で出現するようになります。人に対する見当識障害が進んでくると、家族に対して「あなたはどなたでしたか?」という発言が見られるようになるなど、非常に身近な人に対する見当もつかなくなってきます。家族がわからないという見当識障害は、家族にとっては非常にショッキングな出来事となりますが、この時の家族の混乱は認知症の人にも伝わるため、認知症の人もますます混乱していくという悪循環が起こってきます。また施設などにおいても、担当の職員のことがわからなくなってくる人もいます。このような場合、職員自身が混乱してしまって単に事実を伝えようとしても、認知症の人はますます混乱するでしょう。人に対する見当識障害が起こったとしても、介護にあたる人は、認知症の人の混乱に振り回されず、落ち着いて冷静に対応していくことが大切です。周囲の人が誰だかわからなくなって不安になっているのは、認知症の人自身であることを理解し、不安を取り除くように対処していくことが重要なのです。人に対する見当識障害を改善させようとして、「私は誰だかわかる？」とか「私の名前は何？」というように、認知症の人を試すような対応をする人がいますが、これは認知症の人のプライドを傷つけるやり方であり、何の効果もないばかりか、不安を増長させる非常に不適切な対応と言えるでしょう。(7)

（3）思考力や判断力の障害

思考力や判断力の障害は生活にどのような影響を与えるのでしょうか。思考力や判断力の障害が起こると、自分が何をしなければならないかがわからなくなり、目的に沿った行動ができなくなっていきます。これらは、記憶の障害によって起こりやすいのです。私たちは、過去の記憶に照らし合わせたり、直前の情報との前後関係を考えながら物事を判断することが多いのですが、認知症になると記憶の障害が起こるため、状況に応じた判断ができずに、自分が何をしていいのかがわからなくなったり、やりかけの仕事を途中でやめてしまったりすることが起こってくるのです。

また認知症の人は系統立てて自分のことを人に伝えることや、何かを自分で決めるということも難しくなってきます。判断する時には、情報量が多いほうがいいと思いがちですが、多くの情報は役に立つというよりも判断を妨げるじゃまなものとなります。このため、判断の材料を増やすのではなく、逆に判断の材料を減らしていったほうが判断しやすくなります。認知症の人に対しては、「何にする？」というよりも、「AとBのどっちにする?」というように判断材料を減らし、選択してもらうほうが有効です[7]。

(4) 実行機能の障害

次に実行機能の障害について考えてみましょう。料理をつくることや、お茶を入れること、顔を洗ってタオルで拭くことなどは、計画を立てて実行する作業であり、順番を考えて行動するものです。しかしその手順や段取りがわからなくなるため、それらのことができなくなってくるのです。そのため、タオルを渡して「顔を洗ってください」と言っても、そのタオルでテーブルを拭き始めるかもしれません。また料理をつくっていても順番がわからないため、途中で混乱してしまうことになります。しかし実行機能の障害が起こったからといって、何もできなくなっているわけではありません。実行機能の障害は、手順や段取りがわからなくなる障害であり、一つひとつの行為は意外にできることが多いのです。そのため、一度に作業全体のことを言うのではなく、一つずつ伝えていくというような「言葉かけによるケア」が認知症の人にとっては有効となります。

行動・心理症状（BPSD）の理解と支援

A　行動・心理症状の理解

具体的な行動症状には、徘徊、攻撃性、不穏、焦燥、不適切な行動、多動、性的抑制の欠如などがあり、心理症状には、妄想、幻覚、抑うつ、不眠、不安、誤認、無気力、情緒不安定などがあります[5]。

「もの忘れ」や「見当識の障害」「判断力の障害」「実行機能の障害」などの中核症状は、アルツハイマー型認知症の人に共通してみられますが、「徘徊」や「妄想」、「攻撃的な行為」などの行動・心理症状（BPSD）はすべての認知症の人に共通して見られる症状ではありません。

行動・心理症状は、中核症状が背景にあり、それに加えて身体の不調などの身体的要因、不安感や焦燥感、

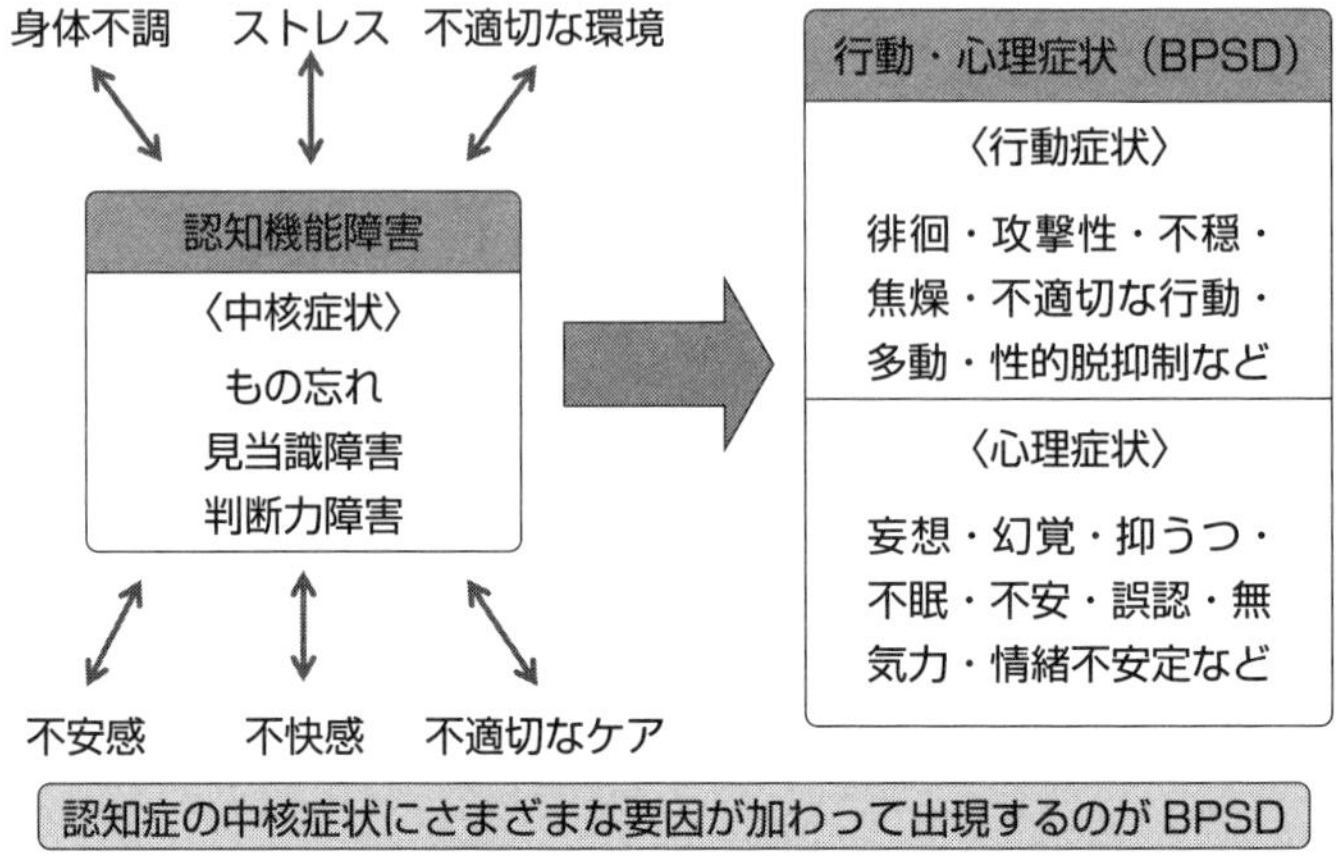

図7-2　行動・心理症状（BPSD）の出現原因[8]

ストレスなどの心理的要因、家族やケアスタッフ、周囲からの関わりなどの社会的要因、それに環境要因などが作用して出現すると考えられており、症状の現れ方は、中核症状よりも複雑です。つまり、認知機能障害が同じ程度の認知症の人であっても、不安感やストレスなどの心理的要因、身体の不調などの身体的要因、なじみのない居場所などの環境要因、これらさまざまな要因の関与の違いによって、行動・心理症状の出現も違ってくるということになります[8]（図7-2）。

行動・心理症状の基本的な考え方について考えてみましょう。認知症の人には、時間・場所・人物の見当識の障害、現実検討力の低下、判断力の低下など認知機能障害による思考や行動の混乱が起こります。しかし認知症の人の行動は、帰ろうとする行為、盗られたという反応、拘束されることに対する反発など、行動自体は本人の目的に沿った行動であると理解されるようになってきました[6]。

B　行動・心理症状に対する支援

行動・心理症状は、介護にあたる人にとってはストレスの大きな症状です。これまでは、介護にあたる人の介護負担を減らすという視点で考えられてきましたが、行動・心理症状で一番困っているのは認知症の人自身なのです。こう考えると、認知症の人の行動・心理症状に対して、これまでのように介護者の負担を減らすという視点ではなく、本人が苦痛を感じることなく生活していくことができるような対応が必要なのです。またこれまでは、徘徊や妄想などといった症状に具体的にどう対処するかというやり方が一般的でした。例えば徘徊は、これまで目的もなくうろうろ歩く行為としてとらえられてきましたが、最近では、本人なりの目的がある行動ととらえられるようになり、その目的に沿った対処法を考えるようになってきました。また、もの盗られ妄想の背景には、強い不安感が存在すると言われるようになり、不安感の解消が行動・心理症状の予防や軽減につながるとも言われるようになってきています。このように、行動・心理症状に対しては、その症状だけに目を奪われず、原因に沿って対処するという考え方が大切なのです。

質の高いケアを考える

ここで述べたように、認知症の人に対しては周囲の人の都合ではなく、その人の立場になって、その人を中心にケアを行っていくという考え方が最近のケアの主流になっています。[9] 認知症の人を支援する際「困った」と感じた時には、それは認知症の人のせいではなく、私たちの支援のあり方を見つめ直すことが大切と言われています。もし「困った」と感じた時には、認知症の人をコントロールする前に自分を振り返ってみることが重要であり、次の五つの視点をもつことが推奨されています。①それは本当に問題なのか、②どうしてそれが問題なのか、③誰にとっての問題なのか、④行動によって何を伝えようとしているのか、⑤生活の質を高める方法で解決できないか。[10]

つまり、ケアの質を高めることによって、認知症の人の生活の質を高めていくことを目標にすることが重要なのです。

4　介護家族の心理的理解と支援

介護家族の抱える問題と介護負担

現在我が国の認知症の人の約半数は在宅で生活していると言われています。このような状況の中で、認知症の人への支援だけではなく、介護する家族の支援について考えていく必要もあります。

まず家族介護者の心理について考えてみましょう。認知症のケアでは、認知症の人の身の回りの世話が大変になるだけではありません。認知症の人は、何度も同じことを聞いてきたり、何回も同じことを言わなければならないなど、コミュニケーションの難しさによるストレスが起こってきます。また最初の頃家族は認知症という病気がどのようなものかわからないことや、症状の経過がわからないことなどに対する不安があったりします。足腰が丈夫な認知症の人の場合には、身の回りのお世話だけでなく、目が離せないなどの問題も起こってきます。さらに家族が高齢の場合には、自分自身に対する健康不安も起こってきます。認知症の介護にあたる家族の介護負担やストレスは大きく、介護家族の半数以上にうつ状態が認められるという報告があります。[3]また介護家族は、不安症状などの精神症状をもつ傾向があり、身体的にも不健康を強いられている現状もあるという報告もあります。このように、認知症という病気は、本人にとっての問題だけではなく、介護する家族にも大きな影響を与えるものなのです。

なぜ認知症の介護は大変なのでしょうか。どのような病気を介護するのが大変かを一概に比べることはできませんが、認知症の介護には、特有の問題点があることも事実です。その一つは、認知症の人に認知機能障害

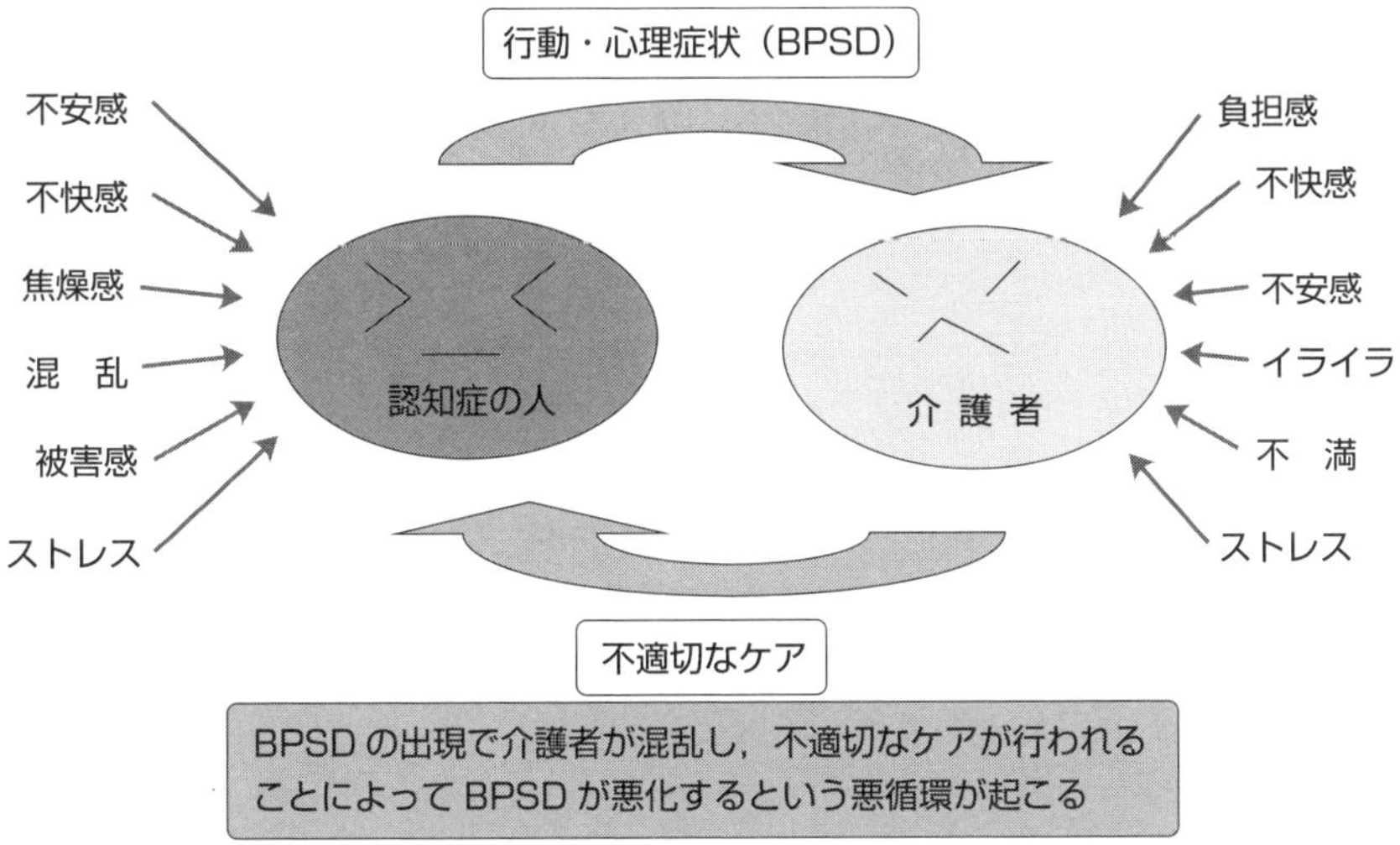

図 7-3　認知症の人と介護者との間に起こる悪循環[8]

があることです。具体的には、介護者の言っていることをなかなか理解してくれず、何度も同じことを繰り返さなければならないという問題です。もう一つは、介護に対する精神的なねぎらいが少ないことです[4]。介護の大変さを周囲に理解してもらいにくく、しかも介護を受ける本人からも感謝のことばを期待できないという問題です。そのため、介護する家族は疲れ果ててしまい、うつ状態になったり、精神的な健康がむしばまれていくことも多いのです。

また認知症の人の行動・心理症状は、介護者との関係性によっても出現することがあります。例えば、認知症の人が介護を困難にさせる行動をとったとします。そのことによって介護者の介護負担は増え、ストレスを感じたりイライラしたりするでしょう。その結果、介護者は意識的ではないにしても認知症の人に対して不適切な対応をしてしまうことがあります。その不適切な対応は、認知症の人に影響を与え、行動・心理症状をさらに悪化させ、介護負担がさらに大きくなるという悪循環に陥る場合があるのです[8]。適切な環境や適切なケアは行動・心理症状を予防したり抑制したりしますが、不適切な環境や不適切なケアは、行動・心理症状を誘発するということを理解しなければなりません（図7‐3参照）。特に在宅で生活している認知症の人と介護家族に対しては、認知症の人への支援だけではなく、介護家族に対する支援も重要なのです。

介護家族の心がまえ

介護家族に対する支援に関しては、直接的な支援だけではなく、家族に認知症という病気に対する知識をもってもらうことや、介護を続けていく上での心構えを知ってもらうなどの教育的な視点も必要になってきます。在宅でケアをしていく上で、家族には次の四つの点を理解してもらうことが重要です。一つ目は、介護者が健康であるということです。家族が病気などで療養が必要になってしまうと、介護力は極端に低くなり、認知症の人と介護する家族はともにケアが必要となってしまい、共倒れになってしまうことになります。二つ目は、手伝ってくれる人を探すということです。認知症のケアは1人ではできないものと考え、手伝ってくれる人を見つけることは重要です。それは、親戚や友人、近隣の人だけではなく、訪問系のサービスの利用なども含めて考えていくことが必要でしょう。三つ目は、相談する人や場所があるということです。正しい情報を提供してくれるという意味では、地域のケアマネージャーへの相談も有効です。さらに愚痴を聞いてくれるような人を見つけておくことも重要でしょう。四つ目は、サービスを効果的に利用するということです。ケアの負担をなるべく減らし、介護家族自身の健康を考えながらさまざまなサービスを利用していくことが、在宅でのケアを長続きさせるコツであることを理解してもらうことが大切なのです。[6]

5　おわりに

認知症は日本人女性の平均寿命である85歳の約40％に見られる病気です。つまり平均的な寿命まで生きると、半数近くの人に起こる病気と言えるでしょう。これは、親戚や隣近所の問題であり、我が家の問題、あるいは自分自身の問題とも言えます。認知症は、超高齢社会である我が国の一般的な病気とも言えるでしょう。認知症は、確かに大変な病気ではありますが、周囲の人が認知症の人や、介護家族の苦悩を理解し、少しでも支援の手を差しのべることができれば、認知症になっても住み慣れた地域で安心して暮らしていけるのではないでしょうか。そのような社会が実現することを目指していきたいものです。

第8章 認知症の人と家族の心を支える

【松田　修】

1 はじめに

21世紀に入り、日本では、アルツハイマー病の進行を遅らせる治療薬が複数登場しました。けれども、現在使用されている治療薬は、いずれも病気の進行を遅らせることはできても、アルツハイマー病を根本的に治癒させることはできません。

２０１５年現在、認知症を引き起こす病気の多くは根治が難しい状況にあると言わざるをえません。いつかすべての認知症を根治できる日が来ることは誰もが願っています。こうした願いに応えることは研究者の使命です。しかしまだそれには時間がかかるようです。そして、その日が来ることを待ち続けながら、今まさに認知症と闘っている人々が私たちの周りにはたくさんいらっしゃいます。これらの人々には、今、支援が必要です。

では私たち心理学者は、認知症の支援に対してどのような貢献ができるのでしょうか？　私は心理学の立場からできる貢献は少なくないと思っています。なぜなら、認知症は私たちの認知、行動、情動、意欲、パーソナリティーといったさまざまな心的機能に大きな影響を与える病気だからです。本章では、認知症の本人と家族に対して心理学はどのような貢献ができるのかについて、臨床心理学の視点から考えてみたいと思います。

2　認知症の診断や病状理解における心理学の貢献

認知障害のアセスメント

認知症の人と家族に対して心理学ができる第一の貢献は、医学的な診断や病状を理解するためのアセスメントです。アセスメントとは、さまざまな情報を集め、それらをもとに一定の判断を行うことを意味します。認知症のアセスメントでは、新しい情報を覚える力や、日付や場所を正しく答えられるかどうかが検査されます。なぜなら、認知症になると、こうしたことが上手にできなくなることが多いからです。これらの症状は認知機能の障害と呼ばれます。国際的な診断基準（例：「国際疾病分類第10版」〈International Classification of Disease–10: ICD–10〉）においても、医学的に認知症と診断するためには、本人の社会生活や日常生活に支障をきたすような認知機能の障害が認められることが必要です。

ところで、認知症を特徴づける症状と言われて読者の多くが真っ先に思い浮かべる症状は何でしょうか。おそらく「物忘れ」ではないでしょうか。たしかに物忘れはよく起こります。しかし認知症の場合、実際には「物忘れ」ではなく「物覚えの悪さ」によって新しい情報が記憶されておらず、いくら思い出そうと思っても思い出せないことが「物忘れ」と言われていることが少なくありません。

認知症になると、新しい情報を覚える力が低下します。特に、最近の出来事を覚えることができなくなります。そのために直前に自分がした行為を体験ごと忘れているという現象が起こるのです。これを「近時記憶の障害」と言います。これに対して昔の記憶はよく保持されています。そのために、周囲の人から「何十年も前の出来事は思い出せるのにさっき言ったことはすぐに忘れる」と言われてしまうのです。実際、認知症の診断で使用する心理検査には、近時記憶を調べる問題が含まれています。複数の単語を復唱し、それをしばらくしてから思い出してもらうといった課題は、多くの認知症の検査に含まれています。しかし、認知症の、特に初期の場合には、通常の認知機能検査ではとらえることが難しい変化が起こっていることがあります。その場合には、より詳しい認知機能検査が必要なことがあります。

例えば、検査法では見つけ出せない個人の行動の変化をとらえるには、検査よりも実生活の様子を詳しく知ることのほうが有効な場合もあります。進行した認知症の人々の場合では、行動観察によるアセスメントのほうが適していることがあります。なぜなら、認知症が進行するにつれて、検査の課題を理解することが難しいために検査ができなくなったり、検査の課題が想定している下限の能力を下まわるために測定できなくなったりすることが増えるからです。こうした場合は実生活の様子をよく知る人からの情報提供や、専門家による行動観察といった検査法以外のアセスメントによって情報を得る必要が出てきます。

しかし今後は、こうした実生活の行動について詳しい情報を得られにくくなる時代がやってくるかもしれません。なぜなら、高齢者の一人暮らしの増加や、社会的な孤立によって、高齢者の日常生活の様子を把握している人が少なくなる可能性があるからです。こうした課題に社会全体としてどう対応するかは今後の大きな課題です。

アセスメントツールの開発と検査者の質の向上

医学的な診断と病気に対する理解の精度を高めるためには、時代に合ったアセスメントツールの開発と、それを用いる検査者の養成が重要です。時代に合ったツールとは、新しい高齢者集団（これから高齢者になる人々）に対して有効なツールであること、平均寿命の伸びに対応したツールであること、さらには最新の知識を取り入れたツールであることを意味します。一方、検査者の養成とは、検査を行う専門家の知識と技能を高める取り組みを意味します。どんなに優れたツールであっても、それを用いる検査者の技量が伴わなければ、正しいアセスメントはできません。

このことは新しい治療技術の開発に関しても重要です。現在、世界中の研究者が認知症の治療薬の開発にしのぎを削っています。こうした治療薬が実際に臨床の場で使われるためには、薬の安全性や効果の検証が不可欠です。そのためには、公的なルールに則ったさまざまな手続きが必要とされています。この時、治療薬が中核症状をターゲットにしたものであれば、治療の効果を判定するために認知機能の変化を評価する必要があります。こうした評価のために開発されたアセスメントツールは現在もいくつかありますが、さらに高い精度のツールや、これまでのツールでは十分にカバーしていない認知機能の評価が必要ならば、その開発が必要となります。また、そのツールを適切に使うことのできる専門家を育てることも重要です。心理検査を使ったアセスメントは、検査の精度の高さと、それを使用する検査者の十分な技量なくしては成り立ちません。検査の手続きや臨床研究に関するコンプライアンスや倫理も含めた専門的な教育は、治療の効果の信頼性に関わる重要な事柄です。また、認知機能の障害を調べるための検査は、苦手になっていることをあえてやってもらう必要があるため、患者さんにストレスをかけてしまう場合があります。そのため、認知機能の検査を行う際には、検査者は自分が行う検査の手技に長けていることに加えて、患者さんとのラポール（信頼関係）を形成し、それを維持するための優れた面接技能をもたねばなりません。こうした力をもった専門家の養成は、超高齢社会を迎えた我が国における心理学教育の新しい課題であると思います。

最後に、加齢とアセスメントの関係について述べたいと思います。認知症は高齢者だけに起こる病気ではありませんが、年齢が増すほど患者の数が増えていきます。したがって、認知症のアセスメントツールの開発では、検査を受ける人の多くが高齢者であるということを前提に考えなくてはならない課題があります。第一は、正常な加齢の影響をどう考えるかです。加齢による視覚や聴覚などの感覚機能の低下や、運動機能の低下は、しばしば心理検査の成績に影響します。これらの機能低下の程度によっては、検査課題を決められた手続きどおりにすべて実施することが難しい場合があります。第二は、教育歴や職業歴の影響をどう考えるかです。これらの要因も、認知機能の検査の成績に影響を与える可能性があります。第三は、正常な加齢に見られる認知的な加齢の個人差の影響をどう考えるかです。認知的な加齢には個人差があり、その個人差が認知機能の検査の成績に影響を与えることがあります。第四は、検査問題の量をどう考えるかです。一般に、高齢者は若年者よりも疲労しやすく、長時間におよぶ検査が不向きと考えられています。そのため、高齢者に対する認知症のアセスメントでは問題数の少ない簡便な検査が用いられることが多いのが現状です。しかし、問題数を減らすことで測定の精度が低下したり、測定できる認知機能の範囲が限られたりすることがあります。こうした課題に正面から取り組むことも心理学者の重要な使命だと言えます。

軽度認知障害（ＭＣＩ）のアセスメント

最近の認知症の専門外来には、認知症の診断基準を満たすほどではないけれども、正常な加齢とも言えない状態の人が数多く訪れるようになりました。こうした状態を表す最も有名な概念が「軽度認知障害」（Mild Cognitive Impairment: MCI）です。ＭＣＩの詳しい解説は２００７年刊行の論稿[1]を参照してください。

ＭＣＩの人の中には、すでに脳内で、認知症の原因となる疾患が目に見えないかたちで進行している人がいると考えられています。しかしＭＣＩの時期は、こうした人に対して行われる一般的な認知症の心理検査の成績が、正常範囲内の水準であることが少なくありません。ＭＣＩから認知症になる人を早期に診断する技術は、医学的分野の研究が中心です。しかしこうした研究に、心理学の立場からも何か貢献することはできないでしょうか。その一つの可能性として、私はＭＣＩ期の人々の感情や行動の変化をとらえるアセスメントツールの開発ができないものかと考えています。

ＭＣＩの人々に起こる感情や行動の変化を見つけ出すことは、今後の新しい研究課題になるかもしれません。すなわち、この時期に人々が感じる不安や、能力の低下に対して行われる対処行動、さらには複雑な情報処理を求められる状況下での行動の変化などを敏感にとらえる方法の開発です。

しかし早期診断の技術と開発が進めば進むほど、私たちが忘れてはならない現実があります。それは２０１６年現在、アルツハイマー病に代表される、主要な認知症の根本的な治療法はいまだ確立していないという状況です。根治が難しい病気を早期に診断することには、どのような意味があるかを私たちは真剣に考えなくてはなりません。治療法の確立があってこそ、早期発見や早期診断によって救われる人がいるのです。診断の技術だけが先に進歩しても、「じゃあどうすればいいのか！」という患者さんやご家族の問いに何も答えられないというのでは困ります。診断後の本人や家族の不安や混乱に対する心理的支援はとても重要だと思います。

3 認知症の人と家族の心の支援に心理学はどのような貢献ができるか

認知症の人の不安に目を向ける

認知症の人と家族に対して心理学ができる第二の貢献は、これらの人々の心の支援です。近年、認知症の人々が当事者の視点から自らの苦悩や葛藤や願いを語ってくださる機会が増えました。そして、私たちにたくさんのことを教えてくださいました。そこでわかってきたのは、認知症の人々は、常に大きな不安を抱えているという事実です。

一般に、認知症というと、記憶や判断力の低下といった認知機能の障害を思い浮かべる人が多いと思います。しかし、認知面の困難と同じくらい、私たちが注目しなければならないのは、ご本人の不安や苦悩といった感情です。

さて読者の皆さんは、自分が誰で、今どこにいて、どうやってそこに来たのか、なぜこの本を読んでいるのかはすぐにおわかりだと思います。しかし突然これらのことがわからなくなったとしたら、皆さんはどのような行動をするでしょうか？　自分のカバンの中をごそごそさぐって自分を知る手かがりがないか探したり、あたりをウロウロ歩いてそこがどこなのかを探索したり、たまたま近くにいた人に助けを求めたりするかもしれません。もし近くの人に助けを求めた時、「あなたさっきも同じこと聞いたでしょ、忘れたの？」と返答されたらどのような気持ちになるでしょうか？　自分が知らない自分の行動を他人が知っていることに、驚きやある種の違和感のようなものを抱くのではないでしょうか？　いったい何が起こっているのか、どうしたらよいのかと不安になり、安心を求めて行動するかもしれません。認知症の人は常にこうした体験をしているのかもしれません。

長年、認知症の研究と臨床に携わってこられた東京都立松沢病院院長の齋藤正彦医師によると、認知症の人は、病気の初期から不安を体験し続けているそうです[6]。この不安が、認知症の人々に見られる、私たちからすると一見不可解に思える言動として表れることがあります。したがって、認知症の人々の不安を軽くし、少しでも安定した気持ちで生活できるように支援することは、認知症の人や、これらの人々を支える家族にとってとても重要です。こうした支援に心理学は大いに貢献すべきです。

心理学的手法を用いた非薬物療法

ではここで、認知症の人と家族に対する代表的な心理的支援の手法について紹介したいと思います。

A　回想法

回想法は、過去に体験した出来事の記憶を思い出し、その体験を語り、他者と共有することで感情を豊かにし、人生の再評価をはかる心理療法の一つです。集団療法として行われる場合には、そこに参加する他の患者さんとの間のコミュニケーションや、体験を共有できる仲間の存在による心理的な効果も期待されます[2][3]。通常は、認知症の人を対象に行いますが、本人と配偶者、あるいは家族といった単位で行われることもあるようです。

B　リアリティーオリエンテーション

リアリティーオリエンテーション（Reality Orientation: RO）とは、認知症の人々の不安と密接に関わる見当識の障害を補うための方法です。見当識とは、日付や時間、場所や人物に対する認識のことです。認知症になると、「今日がいつで、ここはどこで、この人は誰か」といったことが徐々にわからなくなっていきます。こうしたことがわからなくなると、私たちの多くは不安な気持ちになるはずです。見当識の障害は、認知症の人の現実認識の混乱や、それが原因となって生じる不安の大きな要因となっています。

ROには、決まった時刻と場所に対象者を集め、グループによって見当識に関する情報を繰り返し学習する方法と、治療・ケアスタッフが入院患者に対し、時間と場所を問わず、さまざまな場面で日時や所在地、人物などの情報を繰り返し教示する方法があります。[7] 前者はクラスルームROないしは定型ROと呼ばれ、後者は24時間ROないしは非定型ROと呼ばれます。[7]

認知症の人々は、過去から現在、そして、現在から未来という時間的な連続性に混乱が生じ、いわば時間の非連続の中で生きています。回想法やリアリティーオリエンテーションは、こうした人々の非連続性を和らげるという効果があるのかもしれません。

C　心理教育

心理教育（またはサイコエデュケーションと呼ぶこともあります）は、対象となる人々の心の安定を図る心理的な働きかけと、具体的な問題解決のスキルや知識の提供といった教育的な働きかけを含む支援の方法です。[4] 心理教育は、本人のみならず、家族の支援にとっても重要です。介護に伴うさまざまなストレスは、家族の心身の健康に大きな影響を与えます。介護離職も社会問題化しています。介護にかかる経済的な負担も無視できません。近年では親の介護と子育ての時期が重なるという状況も見受けられます。さらに1人の介護者が複数の家族を同時に介護するというケースもあります。

介護にあたる家族の多くは、認知症はどのような病気で、どうして患者さんが不可解な行動をするのか、そしてそれらに対してどのように対応したらよいのかについては、知識としてすでにごぞんじの方が少なくないように思います。しかし家族の中には、頭ではわかっているのに、そのとおりにできないことに心を痛める方がいます。また、家族であるからこそ、「もしかしたらわかるかもしれない」という期待と、「やっぱりわからないのか」という落胆の間で苦悩する方もいらっしゃいます。

でも介護する家族がそのような気持ちになるのは、患者さんが自分の大切な家族だからこそなのだと思います。自らを育ててくれた親や、いつも頼りにしていた配偶者が認知症となり、徐々に認知症が進行する様子を目の当たりにすることは決して容易に受け入れられるものではありません。家族の中には、その事実をどう受け入れたらよいか苦悩し、時には自らの接し方や対応の仕方が悪いのではないかと自分を責める人もいます。家族であるからこそ納得できることもあれば、家族であるからこそ納得できないこともあります。「認知症だから何度も同じことを聞かれるのは仕方のないこと」と、理屈では理解できていても、気持ちの面では「でもどうして?」と思ってしまうのかもしれません。

こうした家族の心情を十分に理解し、家族であるがゆえの苦悩や迷いを理解し寄り添うことは、本人の心理的な支援と同じくらい重要です。家族の思いに寄り添い、一緒に歩みながら、時には専門家として家族の疑問に答えることのできる、心理学の専門家が活躍できる時代が来ることを願っています。介護に関する公的制度の中に心理学の専門家が明確に位置づけられ、多くの家族が心の専門家による支援を受けられる日が来ることを期待します。

D　認知リハビリテーション

認知リハビリテーションは、一般に、認知機能の維持・回復、および認知機能の障害による生活機能の障害の改善を目指す取り組みです。病気の初期または軽度認知症の時期ならば、機能回復あるいは機能維持のための認知的なトレーニングには一定の効果が期待できるかもしれません。しかしながら、多くの場合、認知症は進行します。訓練の効果には限界があり、訓練の日常生活全般への効果に関してもまだよくわかっていません。そこで認知リハビリテーションでは、外からの補助的な手段や環境調整が、より重要な意味をもつようになります。私はこうした取り組みを「外的代償法」と呼んでいます。

外的代償法の目的は、日常生活におけるさまざまな困難（買い物の失敗、予定管理の困難など）を減らし、認知症の人が少しでも安心できる生活環境をつくることにあります。ここで大切なのは、患者さんによって効果的な代替手段が異なる場合があるという点です。例えば、文字を読んで理解する力が低下している患者さんには、書き言葉によるメモは機能を補償する効果は期待できません。一方、聞いて理解する力が低下している患者さんには、声かけや音声による機能代替は効果的とはいえません。どのような機能をどうやって代償するかを適切に判断するには、やはり本人の希望（何を続けたいか）や機能（何はどこまでできるか）のアセスメントが不可欠です。その上で、本人に不安や混乱を与えない環境はどのような環境なのかを考えたり、どのような認知的な手がかり（カレンダー、メモ、ＩＣＴの活用など）があれば本人の力を最大限に発揮させることができるかを考えたりする必要があります。

認知症の本人や家族は、日々経験している困難に対してさまざまな対応の努力をされています。私たち心理学の専門家に期待されているのは、こうした人々に対して「もっと頑張れ」と応援することだけではなく、どう頑張るかを、根拠に基づいて助言することです。認知症の人々や家族が直面している課題の多くは、ただ頑張れと言われても簡単には解決できないものがほとんどです。今までのやり方を変えるとしたらどう変えたらよいのか、今でもご本人が続けたいと思っていることを可能なかぎり安全にかつ安心して続けるにはどのような工夫や配慮が必要かを、心理学の視点から分析し、提案することが必要だと思います。

ここで記憶と不安のサポートを目的とした外的代償法の例を紹介します。Aさんは一人で買い物には行けるのですが、買わなくてよいものを買ってしまう失敗が多くなっていました。Aさんは自分が購入しなければならない物を書いたメモを持って買い物に行きます。しかもお店ではそのメモを見て確認しているそうです。それなのに買い物で失敗してしまうのです。数日前に買ったばかりの品物を再度購入してしまい、冷蔵庫の中には同じ物が何個もあるということがAさんの失敗でした。私は、失敗の主な理由は冷蔵庫の中に何かあったのかを覚えていられないという記憶の問題と、自分のメモに書き忘れがあるのではないかという不安なのではないかと考えました。そこで私が考えたのは、「買わなくてよいもの」を書くメモです。メモには買うべき物と買わなくてよい物の両方を書くようにしてもらったのです。一緒に暮らしていたご家族にも協力をお願いし、メモを確認してもらいました。「すること」と「しないこと」を確認できるようにしたことで、記憶を補い不安を軽くするよう試みたのです。

しかし、ここで気をつけなければならないことは、この方法がどの認知症の人にも適しているとは限らないという点です。メモを読んで理解する力はもちろんですが、メモを持参したり、見たりするのを忘れたりする人には、さらに支援が必要です。どのような機能をどのような方法でサポートしたらよいか、決して皆同じとは限りません。本人が続けたいと思う活動も人によって違いますし、家族が続けてほしいと思う活動も家族によって違います。さらに言えば、同じ患者さんでも、病気の進行によって効果的な支援は変わってきます。今ならば一定の支援があれば一人でできる行為も、認知症が進行すれば支援の程度はさらに増し、やがては支援よりも代行したほうが安全になってくるのも事実です。こうした支援から代行への移行の見極めは慎重にしなくてはなりません。こうした判断にも心理学の立場から貢献したいものです。

4　認知症の人の権利擁護に心理学はどのような貢献ができるか

認知症の人と家族に対して心理学ができる第三の貢献は、認知症の人の権利擁護です。

権利擁護における心理学の貢献

権利擁護とは、本人の権利を守り助けることを意味します。私は、認知症は人々の自律と自立に障害を起こす病気だと思います。自律とは autonomy の自律で、自らの行為を主体的に決定する自己決定の力のことです。認知症は人々が物事を合理的に判断する力を低下させます。自立とは independence の自立で、1人で日常生活のさまざまな活動を行う力のことです。この自立の低下は、人々の社会生活の自立を妨げ、次第に基本的な日常生活動作（Activities of Daily Living：ADL）の低下を招きます。その結果、多くの人々は、衣食住といった日常生活のさまざまな活動に支援や介護が必要な状態になっていきます。

このように、認知症になると自律と自立に障害が起こり、1人で物事の善悪や結果を適切に予測して行動することが難しくなります。それにもかかわらずこうした行為を1人で続けていたがために、詐欺や不当契約などの経済的な被害に巻き込まれる人が後を絶ちません。こうした人々が結んだ契約などの行為の有効性が裁判で争われることもあります。この時行われる精神鑑定などの手続きで、心理検査の結果が活用されることがあります。また、自己決定を行う能力が障害された人を保護する制度である成年後見制度の手続きにおいては、判断能力の有無を判断するために、本人の心理学的な能力のアセスメントが行われることもあります。

認知症によって自己決定が困難になった人の権利を代行するには、本人に十分な意思決定能力がないことの証明が必要になります。なぜなら、本当は自己決定ができるのに、本人の自己決定をないがしろにすることはよくないからです。そのため権利擁護の手続きでは、本人に十分な意思決定を行う能力がない、または、その能力が不十分であることの証明が必要です。

意思決定能力の判断

高齢者の意思決定能力の判断では、一般的な認知症のスクリーニングテストが使われるケースが少なくありません。これらのテストには、認知症や認知障害の有無を判定する目安となる基準（カットオフ）が設定されています。多くの場合、検査結果が障害レベルの成績であれば、その人に十分な意思決定能力が備わっていない可能性は高いと言えます。ところが、その逆は必ずしも真と言えないのです。すなわち、テストの得点が正常値であっても、実際には契約を結ぶなどの行為を１人で行うのに十分な意思決定能力が備わっていないと思われる人が少なくないのです。私たちの研究[5]では、認知症スクリーニングテストの成績が正常値の人や知能指数が同年齢集団の平均以上の人でも、契約を結ぶなど重大な経済行為を行うことが困難になっている人が少なくありませんでした。この結果は、新しい判断方法の開発の必要性を示しているように思います。認知症高齢者の場合、どうやらスクリーニングテストが正常値であることや知能指数が同年齢集団の平均以上であることだけから、意思決定能力に問題なしと判断することには無理があるようなのです。

認知症の人々の権利をどう保護するかといった問題は、人口の高齢化や単身世帯の増加が見込まれる我が国にとって避けることのできない重要な課題です。超高齢社会を迎え、認知症またはその疑いの人々の権利を守る制度において心理学がどう貢献できるかは、今後の研究の発展にかかっていると言えます。

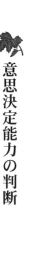

5　おわりに

２０１５年9月に公認心理師法が成立しました。今後は認知症の人々の医療や福祉の制度の中に、公認心理師という名称が明記される時代が来るはずです。その日が来ることを期待しつつ、私たちが真に社会の要請に応えることができるように努めたいと思います。高齢人口は今後もさらに増加します。認知症に関する心理学研究はさらにその重要性を増すのではないでしょうか。

第９章 認知症予防の最前線

——生活の質を保つために

【宇良千秋】

1 はじめに

長寿社会になった今、認知症は誰でもかかる可能性のある病気だと言われるようになってきました。最近の調査では、２０１２年時点の認知症の高齢者数は４６２万人、認知症の有病率は15％と推定されています。[2] 認知症の発症率は年齢があがるほど高くなりますので、高齢者数や平均寿命が延びている我が国では、今後も認知症の高齢者数が増えると考えられます。したがって、認知症の発症を遅らせる有効な方法をみつけることは、健康寿命を延ばしたり、認知症の高齢者における生活の質を改善し、介護の負担や経済的な負担を軽くすることにつながる重要な課題です。実際、近年の大規模な調査によって認知症の発症の危険因子（リスク・ファクター）が明らかになりつつあり、これらの危険因子を取り除いて認知症が発症する時期を遅らせようとする、認知症予防の可能性が議論されるようになってきました。そこで、本章では、どのような考え方で認知症を予防できるのかという理論を述べ、認知症の発症を遅らせることに個人や地域で取り組む場合の有効な方法や実践例について紹介します。

2　認知症とは

認知症とは、いったん発達した認知機能が低下して、日常生活に支障をきたしている状態を表します。認知症において最も際だった症状は記憶障害であり、何度も同じことをたずねたり、体験したことをすっかり忘れてしまったりといったことが起こります。また、注意や実行機能、言語、知覚・運動、社会的認知などの認知領域において障害が認められることもあります。認知症の原因となる病気は、アルツハイマー病が約6〜7割、脳血管性障害が約2割で、この二つの病気で大部分が占められています。これらの病気によって引き起こされる認知症が、それぞれ、アルツハイマー型認知症、血管性認知症と呼ばれています。

アルツハイマー型認知症については、まだ原因がすべて解明されていないものの、脳内で起こっていることが次第に明らかになりつつあります。最も有力とされているのがアミロイド仮説です。それによれば、脳の神経細胞でつくられるタンパク質（アミロイド前駆体タンパク質）が切断され、その断片の一部がアミロイドβタンパク質になります。そして、アミロイドβタンパク質が互いにくっついて脳内にたまることで、脳の中にアミロイド斑（老人斑とも呼ばれる）がつくられ、このアミロイド斑がまわりの神経細胞を死滅させると考えられています。このアミロイドβタンパク質の蓄積は、アルツハイマー型認知症が発症する数十年前から始まっていることもわかってきています。アルツハイマー型認知症の初期には、最近の出来事を思い出せない、物を置き忘れる、同じ質問を何度もするなどの近時記憶障害が目立ちます。また、言語機能の障害によって人とのコミュニケーションが難しくなったり、視空間認知機能の障害によって方向や位置が認識できなくなり、自分で服が着られなくなったり道に迷って家に帰れなくなったりするような症状も出てきます。ほかにも、時間について認識する能力（時間見当識）や注意をはらう能力、計画を立てたり段取りをつけたり抽象化する能力（実行機能）などが低下します。

血管性認知症は、脳の血管が詰まったり破れたりすることで起こる脳血管障害（脳梗塞、脳出血、くも膜下出血）の後遺症として起こります。脳血管障害を引き起こす要因には、高血圧、脂質異常症、糖尿病、心房細動などが挙げられます。症状は血管の障害を起こした脳の部位によって異なり、運動障害や知覚障害を伴うこともあります。特に前頭葉は障害を受けやすく、その場合には実行機能が低下し、自発的に、計画的に、効果的に、目的に沿って行為をする能力が障害されます。また、感情をコントロールできなくなって怒りっぽくなるなど、人格の変化をきたしたりする場合もあります。

3　認知症予防の理論

認知症発症の危険因子

近年、大規模な疫学調査によって認知症を発症する危険因子が明らかになってきました。認知症の原因となる疾患の大部分はアルツハイマー型認知症と血管性認知症で占められていますので、この二つの疾患の発症の危険因子を減らすことが認知症予防につながると言えます。

A　血管性認知症の発症リスクに影響する要因

血管性認知症は脳血管障害の後遺症として起こりますので、脳血管障害の発症と再発を予防することが血管性認知症の予防につながります。脳血管障害の危険因子としては、運動不足や肥満、過剰な塩分摂取、過剰な飲酒、喫煙、高血圧症、脂質異常症、糖尿病、心疾患などが挙げられます。

B　アルツハイマー型認知症の発症リスクに影響する要因

近年の調査の結果によれば、血管性認知症の危険因子である肥満、高血圧症、脂質異常症、糖尿病が、同時にアルツハイマー型認知症の危険因子でもあることがわかってきました。したがって、これらの要因がいくつも重なるメタボリックシンドロームの患者では、アルツハイマー型認知症の発症リスクがとりわけ高いと考えられます。さらに、運動や食事、知的な活動、社会的ネットワークなどの要因がアルツハイマー型認知症の発症に対する防御因子であることが指摘されています。

(1) 運　動

運動は、アルツハイマー型認知症と血管性認知症のいずれのタイプの認知症においても重要な防御因子であることがほぼ定説となりつつあります。たとえば、４６１５人を4年にわたって追跡した調査では、まったく運動しない人のアルツハイマー型認知症の発症の危険度を1とした時、歩行を超える運動強度で週3回以上運動している人の危険度は０・５と半分になっていました。[11] 福岡県久山町における研究でも、余暇の時あるいは仕事中の運動量の多い群でアルツハイマー病の発症リスクが低いことが報告されています。[28] 動物実験では、運動によってアミロイドβタンパク質の沈着量が減ることや、[13] 脳内の神経細胞の発生や成長、維持、修復をうながす分泌タンパク質である神経栄養因子（Brain-derived neurotrophic factor: BDNF）が増えたり、学習や記憶の成績が改善されたりすることが報告されています。[5,18]

健康な高齢者を対象にしたランダム化比較試験（Randomized Controlled Trial: RCT）[注1]では、たとえば、3カ月のウォーキングプログラムに参加した人は参加しなかった人に比べて言語機能が向上したという報告[15]や、自宅でのウォーキングを6カ月間継続した人はそうでない人に比べて記憶機能などの認知機能が改善したという報告があります。[12]

長期的な科学的エビデンスは不十分ですが、運動は高血圧や脂質異常症、糖尿病、心疾患など、認知症の発症に関わるさまざまな疾患の予防効果が期待できますので、積極的に推奨すべき生活習慣だと言えます。一方、すでに認知症になった人の認知機能の改善を主な目的とした、RCTによる研究も報告されるようになってきていますが、認知機能への効果についての統一的な見解はまだ得られていません。

（2）食　事

食事の面でアルツハイマー型認知症の発症との関係が注目されているのは、不飽和脂肪酸と抗酸化作用をもつ食品です。不飽和脂肪酸（DHA、EPAなど）は魚に多く含まれています。例えば、1日あたり3・0グラム以下しか魚を食べていない群のアルツハイマー型認知症の発症の危険度を1とした場合、1日あたり18・5グラム以上食べている群の危険度は0・3でした。[7] ワインに含まれるポリフェノールや野菜や果物に含まれるビタミンE、ビタミンC、βカロテンがもつ抗酸化作用も、認知症の発症を抑制しているのではないかと考えられています。ワインの摂取では、飲まない人に比べて週1回以上飲む人は発症の危険度が約半分になっています。[14] 野菜や果物の摂取量とアルツハイマー型認知症の発症率との関係については、野菜や果物に含まれているビタミンEの摂取量で比べると、摂取量が多い人は少ない人に比べてアルツハイマー型認知症の発症の危

（注1）　誰にどの治療・介入を行うか、または行わないかをランダムに割りふって効果を調べる方法。ランダムに割りふることで、比較したい治療・介入以外で背景となる要因（年齢、性別、家族歴や病気の重症度など）をある程度そろえて効果を検討することができる。

険度が低かったという報告があります。[17]

近年では、地中海食をとることでアルツハイマー型認知症の発症のリスクが減るという調査結果も報告されています。地中海食の特徴は、野菜、果物、魚、オリーブオイル、豆類、穀物を多くとり、アルコール類、肉類、乳製品は少量とるというバランスの食生活です。普段の食事の内容が、地中海食に最も近い食事をとっている人は、地中海食から最も離れた食事をとっている者に比べて、アルツハイマー型認知症の発症のリスクが68％低下していました。[23] 心血管病リスクの高い447人を対象にしたスペインの研究では、オリーブオイルやナッツを加えた地中海食によって認知機能が改善する効果が見られたことをランダム化比較試験で証明しています。[24] 一方、我が国では、福岡県久山町での1006人を対象にした約15年の追跡調査の結果から、大豆と大豆製品、野菜、藻類、牛乳と乳製品を多めにとり米を少量とるという食事パターンが、認知症の発症リスクを有意に低下させていることが報告されています。[20]

（3）知的活動

アルツハイマー型認知症の発症には、文章を読んだりゲームをしたりするなどの知的な生活習慣が関わっていることがいくつか報告されています。例えば、テレビ・ラジオを視聴する、新聞・本・雑誌を読む、トランプ・チェスなどのゲームをするなどの7項目を調べた研究では、このような知的活動の頻度が低い人のアルツハイマー型認知症の発症の危険度を100％とした時、頻度が高い人の危険度は53％で、47％減っていることが示されました[26]（**図9-1参照**）。約2800人の高齢者を対象に大規模な認知機能の訓練効果を検証した研究では、記憶訓練や推理訓練、処理スピード訓練などの認知トレーニングの効果を5年間追跡しています。[25] その結果、いずれの認知トレーニングも有効で、5年後まで認知機能の改善の効果が保たれたことが示されました。

認知機能を頻繁に使うことがアルツハイマー型認知症の発症にどのようなメカニズムで影響するのかについては、少なくとも二つのメカニズムを考えることができます。一つは、認知機能を刺激することが、アルツハ

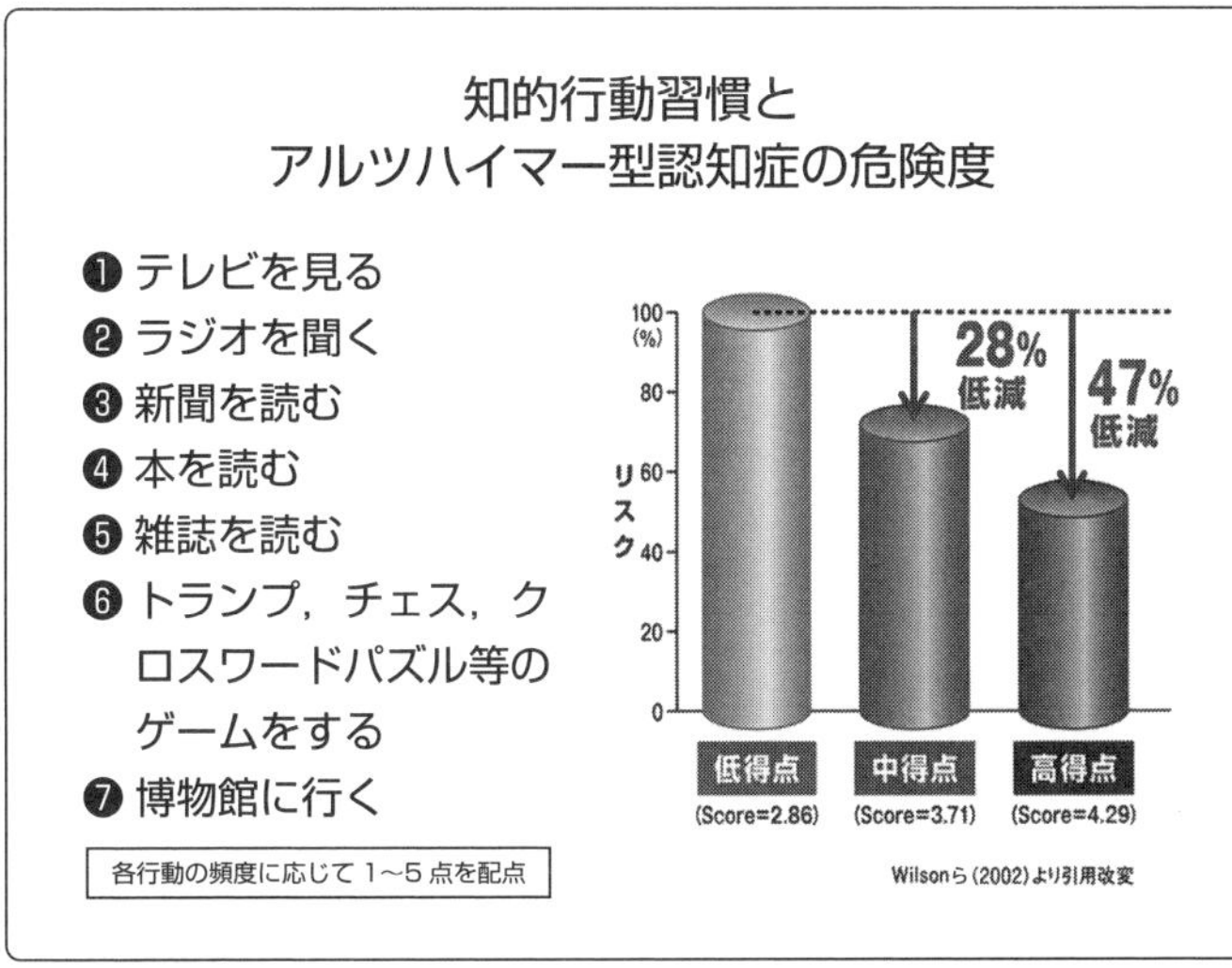

図 9-1　知的行動習慣とアルツハイマー型認知症の危険度

イマー型認知症の発症に関わるアミロイドβタンパク質がたまるスピードを遅らせるというメカニズムです。遊具の豊富な刺激豊かな環境で飼育したマウスではアミロイドβタンパク質の沈着量が少なく、さらに、アミロイドβタンパク質を分解するネプリライシンという酵素が多く生成されることが明らかにされています。[13]

　知的な活動とアルツハイマー型認知症の発症をつなぐもう一つのメカニズムとしては、知的な活動によって神経ネットワークが強化される、つまり、「認知的予備力」(Cognitive Reserve) が増える効果が考えられます。高い教育歴が認知症を発症する危険度を減らすという研究結果が多く報告されていることや、[4] 刺激の豊かな環境で飼育されたマウスの脳内では新たな神経細胞やシナプスがつくられることを示したEnriched Environment Study (豊かな環境研究) の結果も、[8] この認知的予備力で説明することができるでしょう。

(4) 社会的ネットワーク

　人とのつながり、いわゆる社会的ネットワークとアルツハイマー型認知症の発症との関係についても、い

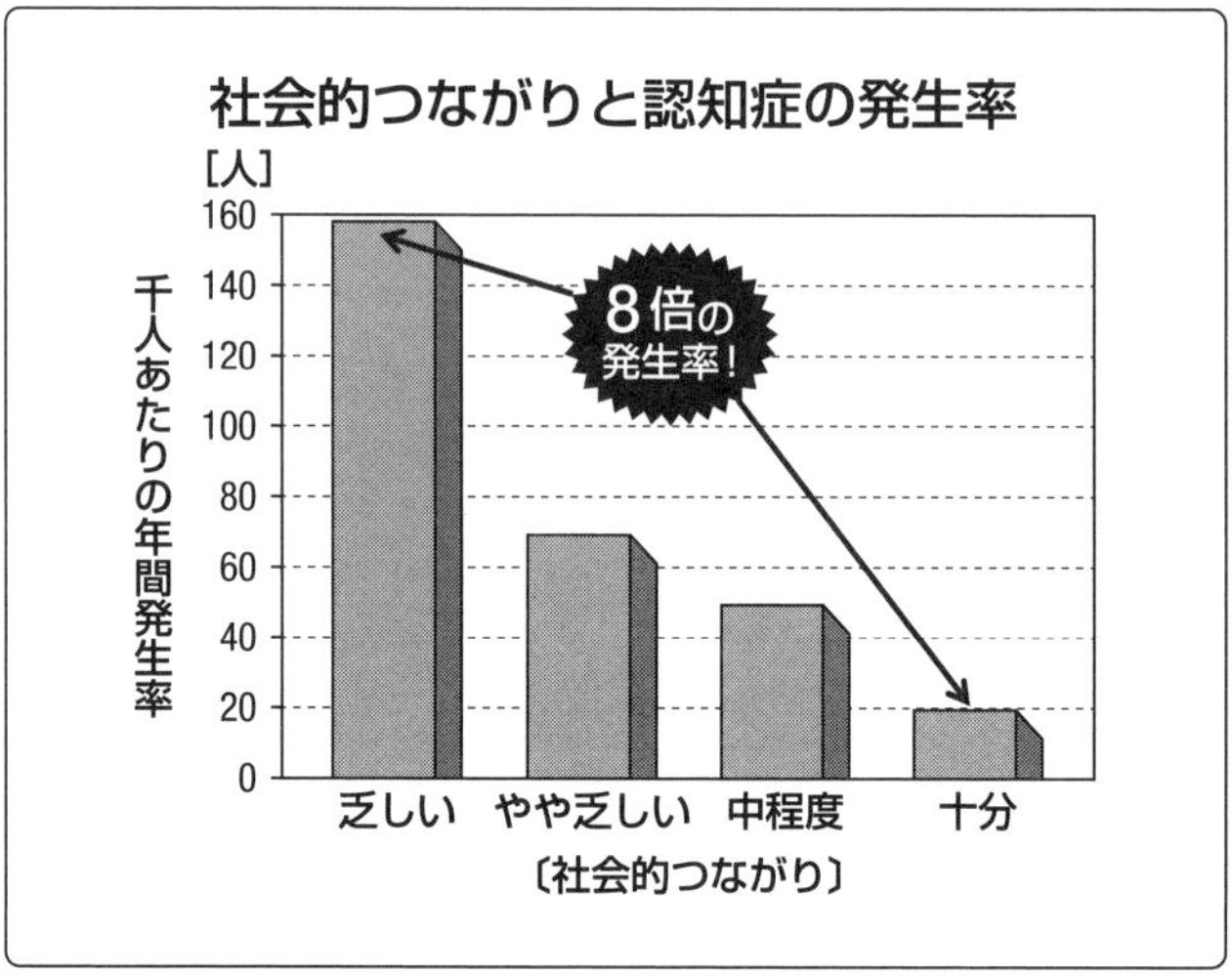

図9-2　社会的つながりと認知症の発生率（文献6を著者一部改変）

くつかの興味深い研究結果が報告されています。例えば、日本人を対象とした研究では、手紙を書くことや電話をかけることをしない、友人や親族を訪ねることがない、めったに外出しない、社交的でない、友人の訪問がないなどの社会的ネットワークに関連する行動が、アルツハイマー型認知症の危険因子であることが見出されています[9]。また、75歳以上の健康な高齢者１２０３名を３年間追跡して、社会的ネットワークと認知症の発症との関係を検討した研究結果も報告されています[6]。社会的ネットワークが十分な群、すなわち、①結婚していて誰かと同居し、②子どもをもち、子どもと毎日から毎週満足する接触をもち、③親族または友人をもち、それらの人と毎日から毎週満足する接触をもつ、という三つの条件を満たす群の１０００人あたりの認知症の発症率は19人でした。それに対して、三つの条件をいずれも満たしていない、すなわち、①結婚しておらず一人暮らし、②子どもがいない、③近しい関係をもつ人がいない、という社会的ネットワークが乏しい群は、１０００人あたりの認知症の発症率が１５６・９人でした（**図9-2**参照）。この研究では、アルツハイマー型認知症だけを対象にしているわけではありませんが、発症した認知症のうちアルツハイマー型認知症が大部分を占めていることを考えると、社会的ネットワークがアルツハイマー型認知症の発症に影響していたと考えてよいかもしれません。

（5）まとめ

先に述べたように、認知症への移行リスクをより高めると思われるいくつかの危険因子があることは明らかですが、実際にはこれらの危険因子がお互いに絡み合って発症に影響していると考えられます。最近では、運動プログラムと健康的な食事、認知機能トレーニング、血圧管理などの包括的な介入を2年間行った群では、健康相談のみを行った群に比べて実行機能や反応時間などの認知機能検査の成績が良好であったとする、ＲＣＴによる研究報告も出始めています。[19] したがって、血圧やコレステロール、血糖値を管理しつつ、健康的な食事や適度な運動、知的な活動を心がけて社会的ネットワークを維持する、といったような包括的なアプローチが、認知症の発症リスクを低めることに貢献するのではないでしょうか。

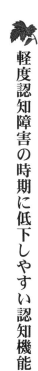

軽度認知障害の時期に低下しやすい認知機能

A　軽度認知障害とは

正常な老化から認知症に至る過程の中で、軽度に認知機能が障害された認知症の先駆け的な状態を、「軽度認知障害」（Mild Cognitive Impairment：MCI）と呼びます。軽度認知障害については、研究者によってさまざまな定義がなされてきましたが、２００３年にストックホルムで開催された国際ワークショップ（The First Key-symposium of Mild Cognitive Impairment, Stockholm, 2003）で、**表9-1**のような統一的な診断基準が示されました。それによると、軽度認知障害は、認知機能は正常ではないが認知症の診断基準を満たさない、認知機能の低下に関する訴えはあるが基本的な日常生活能力は自立している、複雑な日常生活機能の障害は軽度

表9-1　軽度認知障害の診断基準[27]

1.	正常ではなく認知症でもない
2.	本人や家族から認知機能低下に関する訴えがあり，同時に，または客観的な認知機能の経時的低下が見られる
3.	基本的な日常生活能力は維持されており，複雑な日常生活機能の障害は軽度にとどまる

にとどまる、となっています。[27] この診断基準を用いた調査[1]によると、平均年齢75・7歳の住民のおよそ17％が軽度認知障害に当てはまり、2年間で13％が認知症に進んでいました。また、のちに認知症に進行した人では、軽度認知障害の段階からすでに電話の使用や金銭管理などの「手段的日常生活動作」（Instrumental Activities of Daily Living: IADL）に困難のある例が多かったそうです。

B　軽度認知障害の時期に低下しやすい認知機能

正常者からアルツハイマー型認知症への移行を追った研究によると、軽度認知障害の時期に低下しやすい認知機能は、主として、エピソード記憶（出来事を記憶して思い出す機能）と注意分割機能（複数の作業を並行して行う時に適切に注意を振り分ける機能）、思考力であることが示されています。[22] また、「社会生活や職業生活に支障をきたしている」という認知症の状態を最も反映する機能は実行機能だと言えます。つまり、行動の目標を設定し、うまく遂行できるように計画を立て、抽象化し、行動を監視する管理能力です。このような実行機能は、例えば、「自分で電話番号を調べて電話をかけることができる」「貯金の出し入れや、家賃や公共料金の支払い、家計のやりくりなどができる」「自分で薬を決まった量、決まった時間に飲むことができる」「バスや電車で、あるいは自分で車を運転して出かけることができる」などの手段的日常生活能力に反映されていると考えられます。これら4項目を用いて、認知症と診断されていない高齢者の年間の認知症の発症率との関係を調べたところ、4項目すべてができる場合の発症の危険度を1とした場合に、4項目すべてができない場合は、318倍の危険度を示していました。[3] 他の研究でも、手段的日常生活能力を必要とするような行動が低下していると、認知症の発症率が高いことがわかっています。[21] つまり、手段的日常生活能力に反映される実行機能を刺激することも、認知症の発症を遅らせることにつながるのではないかと考えられます。まとめると、アルツハイマー型認知症の発症を遅らせるためには、軽度認知障害の時期に低下しやすい認知機能、つまり、エピソード記憶と注意分割機能、実行機能（計画力・思考力）を刺激することが効果的ではないかと考えられます。

4 認知症予防の実際

介護予防事業における認知症予防プログラムの実際

我が国では、先に述べたような認知機能の低下や、認知症の発症に及ぼす影響についての科学的エビデンスをもとに、『介護予防マニュアル』の中の「認知機能低下予防・支援マニュアル」において、ウォーキング習慣を身につけるためのプログラムが紹介されています。[10] このプログラムでは、地域在住の健康な高齢者と軽度認知障害が疑われる高齢者が一緒に1グループ6名程度のグループをつくり、お互いに支援し合いながらウォーキングの習慣を身につけるという内容になっています。また、行動科学にもとづいた理論やモデルを活用しながらプログラムを進めていきます。ウォーキングプログラムの一連の流れを**図9-3**に示します。例えば、参加者は毎日ウォーキング・カレンダーに歩数を記録することによって、自分が普段どのくらい歩いているのかという現状を知り（セルフ・モニタリング法）、その歩数をもとに無理のない目標を立てて少しずつ生活歩数を増

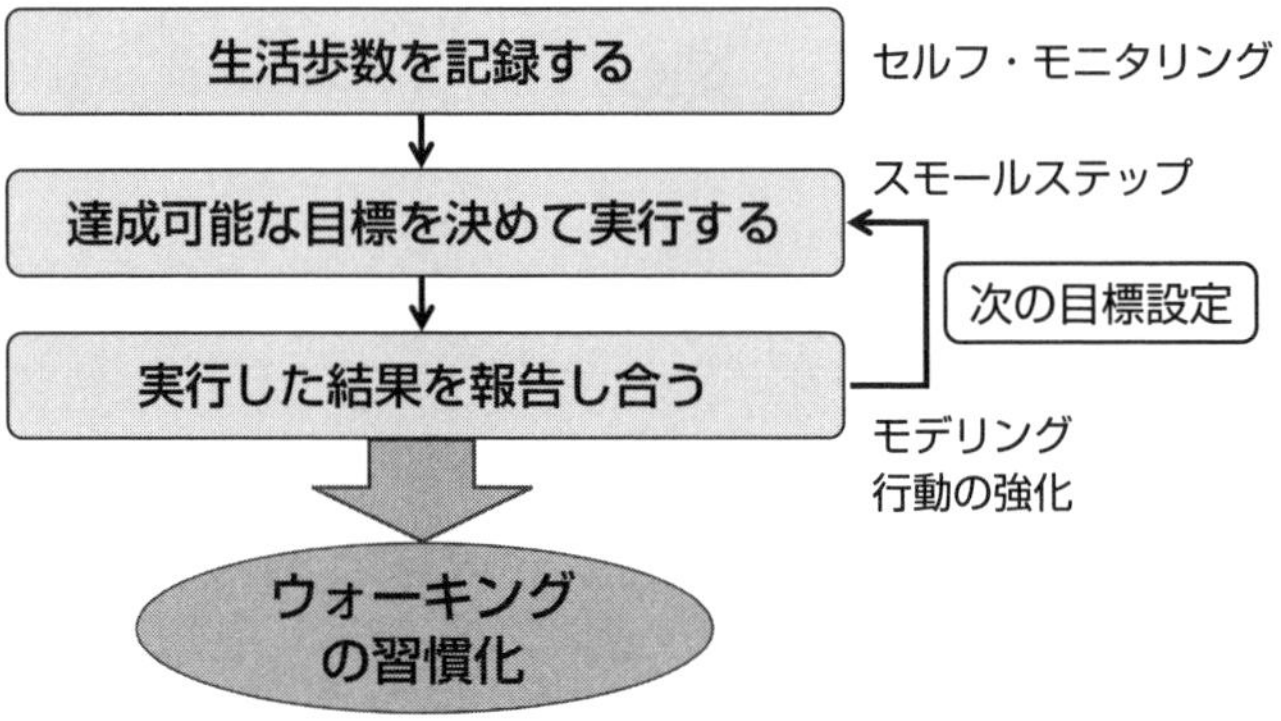

図9-3　行動変容理論を活用したウォーキング習慣化までの流れ

やしていく（スモール・ステップ法）ことができます。1日の生活歩数が4000歩の参加者であれば，最初から1日8000歩という高い目標を立てるのではなく，まずは1日5000歩の目標から始めて，それが達成できたら1日6000歩というように，少しずつ目標を上げていきます。つまり，「これならやれそうだ」という自己効力感（セルフ・エフィカシー）が高まるような目標を立てることで行動の変容をうながすのです。また，プログラムではウォーキング・カレンダーの記録を参加者同士で毎回報告し合うので，他の参加者がどのようにして歩数を増やしているのかがわかり模倣することができます（モデリング）。参加者同士は自然にほめ合ったり励まし合ったりするので，ウォーキングという行動が強化されやすくなります。さらに，参加者自らがウォーキング・コースを考えてウォーキング・イベントを実行することによって，仲間と一緒に歩くことの楽しさを実感することができます。このようなグループワークを中心としたプログラムは，ウォーキング習慣を強化するだけではなく，グループの凝集性（まとまり）やメンバー同士の共感性を高め，仲間と一緒にウォーキング活動を続けようというモチベーションが高まりやすいのです。このような方法でプログラムを実施した場合の効果については，認知機能の低下を抑える効果[15]のみならず，うつ気分を改善する効果[16]も報告されています。

住民による認知症予防活動の実践例

平成12（2000）年から認知症予防の活動に取り組んでいる、東京都の豊島区長崎地区では、平成13（2001）年に活動への参加者が「元気！ながさきの会」という組織をつくり、自主活動を続けています。この会では、認知症予防や介護予防を目的としたパソコン、料理、旅行、園芸、囲碁、フィットネス、太極拳、グラウンドゴルフなどのプログラムを自主運営しており、随時、会員を募集しています。設立当初80人程度だった会員数は、平成27（2015）年8月末の時点で195人にまで増えています。活動の内容も、会の主催で講演会を開催したり、地域の小学校や公園の花壇を整備したり、区が主催する高齢者向けパソコン講座に講師を派遣したりするような、地域への貢献活動にまで発展しています。

興味深いのは、会員の中に認知症の症状が出始めて活動の日時を忘れてしまう人が出てきても、ほかの会員が電話をかけてあげたり自宅まで迎えに行ってあげたりして、可能なかぎりの支援をしていることです。このように住民がお互いに支え合いながら認知症予防の活動を継続できているのは、活動を通して楽しみや生きがいを共有するうちに、住民同士の理解や共感が深まり、自然に助け合いができる関係を築けたからではないでしょうか。

5　おわりに――認知症になっても生活の質を低下させないために

長寿社会となった今日では、誰もが認知症を発症する可能性があります。しかし、認知症になっても、それまでの慣れ親しんだ環境で一定の生活パターンや馴染みの人間関係を維持し、楽しみや生きがいのもてる生活を継続することができれば、認知症の人の行動・心理症状を抑制し、不活発な生活を避けることができると考えられます。長寿社会に生きる私たちにとって、健康的なライフスタイルや人とのつながりを維持することは、認知症の発症を遅らせるためのストラテジーということだけではなく、認知症になっても生活の質を低下させないようにするための重要なストラテジーでもあるのです。

編者おわりに――衰える体・近づいてくる死に高齢者はどう向き合うのか

本書では第Ⅰ部において、健康長寿の実現に対して心理学からどのような貢献ができるのかが述べられた。まず第1章で高齢者の健康長寿の実現に身体的活動や運動は欠かせないこと、どうすればそれを無理なく続けられるかその心理的支援について説明され、第2章では高齢期の食事と低栄養、加齢や老化がもたらす身体機能の変化と食生活との関連、食生活を通した健康長寿への心理的支援の可能性について述べられた。そして第3章において、実際100歳を超えて生きていらっしゃるいわゆる百寿者の研究を通じて、幸せに年を重ねていく（サクセスフルエイジング）には何が必要なのか、高齢化に伴い様々な機能低下が起こっているにもかかわらず幸福感が上昇していくこと（エイジングパラドックス）の背景にある心のしくみについて説明された。

第Ⅱ部では高齢者の生活の質の向上に心理学からどのような貢献ができるか三つの章にわたって述べられた。若者では難なく使いこなせるモノでも高齢者ではたちまち行き詰まってしまう。高齢者への支援だけではだめで、モノの使いやすさを高めていく必要があるということ。高齢者にとって使いにくいモノは若者にとっても使いにくいと第4章は説いた。第5章では閉じこもり高齢者問題の解決策としてライフレビューによる支援を提案した。高齢者自身に過去の回想を行ってもらう（ライフレビュー）ことによって、自分の人生を振り返り、自我の再統合を行おうとする心理療法である。この具体的な支援の例と効果について述べられた。第6章では高齢者が罹りやすいうつ病をどのように予防し、生活の質を高めていくかが論じられた。とりわけうつ病と関係の深い自殺を、家族や友人のケアによってどのように予防するかなどについて述べられた。

第Ⅲ部では、高齢になるほど罹りやすくなる認知症を取り上げる。第7章において通常の老化である生理的老化で見られる現象と認知症の違いについて、次に認知症の原因、認知症の人の行動や心理的症状の特徴について、介護家族が認知症の人をどう理解し、ケアしていくかが述べられた。第8章では認知症の診断や病状の理解に心理学がどのように貢献できるかが述べられた。軽度認知症と認知症の区別をどのように行うのか、アセスメントツールの開発の必要性などについて論じられ、最後に認知リハビリテーションを含む心理学による支援について述べられている。最後の第9章では認知症の予防について論じられた。まず認知症発症の危険因子について、続いて認知症予防のプログラムについて述べられた。

このように本書では、健康長寿を実現するにはどうすべきか、高齢者の生活の質を高めるにはどうすべきか、認知症の発症を予防するためにはどうすべきか、認知症を発症した高齢者のケアをどうすべきかといった、高齢者に密接に関係する重要な問題が論じられた。

しかし、どう予防し、どうケアしようと死は確実にやってくる。高齢者は死の接近をどのように感じ、どう受け入れようとするのか、どう対処しようとするのであろうか?

実は私自身、還暦をはるか前に過ぎ、古希が近くなるにつれて、確実に命の陰りを意識するようになった。この2、3年で3人の友人知人の死を経験した。そして昨年、自らが二つのがんの宣告を受け、人生の終着駅が確実に近づいていることを実感するようになった。

そのような中で、２０１４年9月に開催された小椋佳氏の生前葬コンサートを出張先のホテルのテレビで目にしたときは驚きだった。コンサートも終盤に差し掛かっており、そこで歌われているのが「顧みれば」だった。次がその最後のフレーズ。

楽しみ　悲しみ　笑いも　涙も

生きていればこその　味わいと
瞳綻《ほころ》ばせて　見晴るかす

顧みれば今　込み上げる想い
わたしの運命に　関わった
全ての人々に　ありがとう*

私自身、小椋氏の曲とともに青春を生き、そして年を重ねてきたように思う。まだ20代のころ「シクラメンのかほり」を聞き、自らの恋と失恋の体験を重ね合わせ、福岡の実家から単身千葉に旅立っていくフェリーの中で「木戸をあけて――家出をする少年がその母親に捧げる歌」を思い起こし、「ほんの二つで死んでゆく」を聞いて、長女が大病を患った頃を振り返った。小椋氏は私の人生を伴走するように節目節目に心の襞にしみる曲を聴かせてくれた。

しかし、久しぶりに耳にした生前コンサートで「顧みれば」を聞いたときは心を揺さぶられる想いがした。これまでの過ちや挫折、つらいこと悲しいこと、敵も味方もすべて受けとめて、すべての人々に「ありがとう」なのだ。ホテルでこの歌を思わず涙を流しながら聴いて、人生の終盤にすべてを受け入れて、感謝するという気持ちは何だろうと考えた。

この気持ちは第3章で述べられた超高齢者の心境と一致するのかもしれない。自らの体が弱って、以前できたことができなくなってもそれを受け入れ、喜びを感じる「老年的超越」の心境である。しかしそのような心

---

* 日本音楽著作権協会（出）許諾第1613920-601号

境にはだれでもなれるわけではないかもしれない。これまでの人生を振り返り、自分の失敗も成功も、敵も味方もすべて受け入れて許し、それに感謝する。第3章には書かれていないが、「老年的超越」の心境になれる一つの鍵が「感謝」にあるように思う。だが、「老年的超越」と「感謝」の因果関係がどうなのか、これに老人を取り巻く物質的、経済的条件や身体的条件などがどう関与してくるのかといった疑問がわき上がってくる。

心理学はこれまで主に生きようとする人、肉体的には健康であるのに死に急ぐ人をサポートすることに力を注いできた。高齢者が死を迎えるにあたってそれをどのようにサポートするかという問題は心理学だけでは手に余る問題なのかもしれない。哲学や宗教学、あるいは脳科学の知恵を借りなければ解決できない大きな問題であるように思う。

箱田裕司

２０１６年10月

文　献

第1章

（1） Antikainen, I. and Ellis, R.（2011）A RE-AIM evaluation of theory-based physical activity interventions. *Journal of Sport & Exercise Psychology*, **33**(2), 198-214.

（2） Bravata, D. M., Smith-Spangler, C., Sundaram, V., Gienger, A. L., Lin, N., Lewis, R. et al.（2007）Using pedometers to increase physical activity and improve health: A systematic review. *The Journal of the American Medical Association*, **298**(19), 2296-2304.

（3） French, D. P., Olander, E. K., Chisholm, A. and McSharry, J.（2014）Which behaviour change techniques are most effective at increasing older adults' self-efficacy and physical activity behaviour? A systematic review. *Annals of Behavioral Medicine*, **48**(2), 225-234.

（4） Glasgow, R. E., Vogt, T. M. and Boles, S. M.（1999）Evaluating the public health impact of health promotion interventions: The RE-AIM framework. *American Journal of Public Health*, **89**(9), 1322-1327.

（5） 原田和弘（二〇一三）「身体活動の促進に関する心理学研究の動向――行動変容のメカニズム、動機づけによる差異、環境要因の役割」『運動疫学研究』一五巻一号、八-一六頁

（6） 厚生労働省（二〇一三）「健康づくりのための身体活動基準２０１３」〔http://www.mhlw.go.jp/stf/houdou/2r9852000002xple-att/2r9852000002xpqt.pdf〕

（7） Michie, S., Ashford, S., Sniehotta, F. F., Dombrowski, S. U., Bishop, A. and French, D. P.（2011）A refined taxonomy of behaviour change techniques to help people change their physical activity and healthy eating behaviours: The CALO-RE taxonomy. *Psychology & Health*, **26**(11), 1479-1498.

（8） 岡浩一朗（二〇〇三）「身体活動・運動の増進に対する行動科学的アプローチ――行動科学の理論・モデルの考え方」『運動疫学研究』五巻、三二-三九頁

（9） Rhodes, R. E. and Pfaeffli, L. A.（2010）Mediators of physical activity behaviour change among adult non-clinical populations: A review update. *The International Journal of Behavioral Nutrition and Physical Activity*, **7**(1), 37.

(10) World Health Organization (2010) Global Recommendations on Physical Activity for Health. 〔http://apps.who.int/iris/bitstream/10665/44399/1/9789241599979_eng.pdf〕

第2章

(1) 足立己幸、松下佳代、ＮＨＫ「65歳からの食卓」プロジェクト（二〇〇四）「ＮＨＫスペシャル　65歳からの食卓――元気力は身近な工夫から」ＮＨＫ出版、二八-二九頁
(2) 加藤佐千子（二〇一三）「生活機能の高い高齢者における食物選択動機の様相」『京都ノートルダム女子大学研究紀要』四三号、一五-二八頁
(3) 加藤佐千子・渡辺修一郎・芳賀博・今田純雄・長田久雄（二〇一五）「生活機能の高い男女高齢者の食材料選択状況と食物選択動機、属性との関連」『日本老年社会科学会第五七回大会報告要旨号』二五五頁
(4) Kimura, Y., Wada, T., Okumiya, K., Ishimoto, Y., Fukutomi, E., Kasahara, Y. et al. (2012) Eating alone among community-dwelling Japanese elderly: Association with depression and food diversity. *The Journal of Nutrition, Health & Aging*, **16** (8), 728-731.
(5) 厚生労働省（二〇一五）平成25年国民健康・栄養調査報告　The National Health and Nutrition Survey in Japan, 2013. 〔http://www.mhlw.go.jp/bunya/kenkou/eiyou/dl/h25-houkoku.pdf〕（検索日：平成28年８月１日）
(6) Lumbers, M. and Raats, M. (2006) Food choices in later life. R. Shepherd and M. Raats (eds.) *The Psychology of Food Choice*. CABI, Wallingford.
(7) 宮崎秀夫（二〇〇八）「歯の健康力――日本人高齢者の口腔健康状態と栄養との関連性」『ＦＯＯＤ ＳＴＹＬＥ 21』一二巻六号、二五-二八頁
(8) 奈良勲・鎌倉矩子監修、大内尉義編（二〇一四）『標準理学療法学・作業療法学　専門基礎分野　老年学〔第４版〕』医学書院
(9) 農林水産省（二〇〇七）「シニア世代の健康な生活をサポート――食事バランスガイド」〔http://www.maff.go.jp/j/balance_guide/b_sizai/pdf/korei_all.pdf〕（検索日：平成28年８月１日）
(10) 大内尉義・秋山弘子編集代表（二〇一〇）『新老年学〔第３版〕』、東京大学出版会
(11) Rosenbloom, C. A. and Whittington, F. J. (1993) The effects of bereavement on eating behaviors and nutrient intakes in elderly widowed persons. *Journal of Gerontology*, 48 (4), S223-S229.

(12) Schaie, K. W. and Willis, S. L. (1982) Adult Development and Aging. Little, Brown, Boston.〔岡林秀樹訳（二〇〇六）『成人発達とエイジング〔第5版〕』ブレーン出版
(13) 新開省二（二〇一二）「高齢者の低栄養の現状とその予防」『日本医事新報』四六一五号、七一-七七頁

第3章

(1) Andersen, S. L., Sebastiani, P., Dworkis, D. A., Feldman, L. and Perls, T. T. (2012) Health span approximates life span among many supercentenarians: Compression of morbidity at the approximate limit of life span. *The Journals of Gerontology, Series A: Biological Sciences and Medical Sciences*, **67** (4), 395-405.〔http://doi.org/10.1093/gerona/glr223〕
(2) Andersen-Ranberg, K., Schroll, M. and Jeune, B. (2001) Healthy centenarians do not exist, but autonomous centenarians do: A population-based study of morbidity among Danish centenarians. *Journal of the American Geriatrics Society*, **49** (7), 900-908.〔Retrieved from http://www.ncbi.nlm.nih.gov/pubmed/11527481〕
(3) Cho, J., Martin, P. and Poon, L. W. (2012) The older they are, the less successful they become? Findings from the Georgia Centenarian Study. *Journal of Aging Research*, **2012** (4), 1-18.〔http://doi.org/10.1155/2012/695854〕
(4) Evert, J., Lawler, E., Bogan, H. and Perls, T. (2003) Morbidity profiles of centenarians. *The Journals of Gerontology, Series A: Biological Sciences and Medical Sciences*, **58** (3), 232-237.
(5) Freund, A. M. and Baltes, P. B. (1998) Selection, optimization, and compensation as strategies of life management: Correlations with subjective indicators of successful aging. *Psychology and Aging*, **13** (4), 531-543.〔Retrieved from http://www.ncbi.nlm.nih.gov/pubmed/9883454〕
(6) Fries, J. F., Bruce, B. and Chakravarty, E. (2011) Compression of morbidity 1980-2011: A focused review of paradigms and progress. *Journal of Aging Research*, **2011** (3), 1-10.〔http://doi.org/10.4061/2011/261702〕
(7) 権藤恭之（二〇一四）「学際研究による老年社会科学からの健康長寿へのアプローチ（第28回日本老年学会総会記録）」『日本老年医学会雑誌』五一巻一号、三五-三八頁〔Retrieved from http://ci.nii.ac.jp/naid/40020006422〕
(8) 権藤恭之、広瀬信義（二〇一二）「百寿者からみたしあわせのかたち」『Anti-Aging Medicine』八巻三号、三九八-四〇三頁〔Retrieved from http://ci.nii.ac.jp/naid/40019361386〕
(9) Gondo, Y., Hirose, N., Arai, Y., Inagaki, H., Masui, Y., Yamamura, K. et al. (2006) Functional status of centenarians in Tokyo,

Japan: Developing better phenotypes of exceptional longevity. *The Journals of Gerontology, Series A: Biological Sciences and Medical Sciences*, **61**(3), 305-310. 〔Retrieved from http://www.ncbi.nlm.nih.gov/pubmed/16567382〕

(10) Heckhausen, J. (1997) Developmental regulation across adulthood: Primary and secondary control of age-related challenges. *Developmental Psychology*, **33**(1), 176-187. 〔http://doi.org//10.1037/0012-1649.33.1.176〕

(11) 厚生労働省（二〇一四）「健康意識に関する調査」〔http://www.mhlw.go.jp/stf/houdou/0000052548.html〕

(12) 増井幸恵・権藤恭之・河合千恵子・呉田陽一・髙山緑・中川威他（二〇一〇）「心理的 well-being が高い虚弱超高齢者における老年的超越の特徴――新しく開発した日本版老年的超越質問紙を用いて」『老年社会科学』三二巻一号、三三-四七頁〔Retrieved from http://ci.nii.ac.jp/naid/40017101856〕

(13) 中川威・増井幸恵・呉田陽一・髙山緑・高橋龍太郎・権藤恭之（二〇一一）「超高齢者の語りにみる生（life）の意味」『老年社会科学』三三巻四号、四二二-四三三頁〔Retrieved from http://ci.nii.ac.jp/naid/40017661247〕

(14) Rowe, J. W. and Kahn, R. L. (1987) Human aging: Usual and successful. *Science*, **237**(4811), 143-149.

(15) Scheibe, S. and Carstensen, L. L. (2010) Emotional aging: Recent findings and future trends. *The Journals of Gerontology, Series B: Psychological Sciences and Social Sciences*, **65**(2), 135-144. 〔http://doi.org/10.1093/geronb/gbp132〕

(16) Takayama, M., Hirose, N., Arai, Y., Gondo, Y., Shimizu, K., Ebihara, Y. et al. (2007) Morbidity of Tokyo-area centenarians and its relationship to functional status. *The Journals of Gerontology, Series A: Biological Sciences and Medical Sciences*, **62**(7), 774-782. 〔Retrieved from http://www.ncbi.nlm.nih.gov/pubmed/17634326〕

第4章

(1) Baltes, P. B. and Baltes, M. M. (1990) Psychological perspectives on successful aging: The model of selective optimization with compensation. In, P. B. Baltes and M. M. Baltes (eds.) *Successful Aging: Perspectives from the Behavioral Sciences*. Cambridge University Press, Cambridge and New York, pp. 1-34.

(2) Craik, F. I. M. and Salthouse, T. A. (eds.) (2008) *The Handbook of Aging and Cognition*, 3rd ed. Psychology Press, New York

(3) 原田悦子（二〇〇九）「認知加齢研究はなぜ役に立つのか――認知工学研究と記憶研究の立場から」『心理学評論』五二巻三号、三八三-三九五頁

(4) 原田悦子（二〇一二）「みんラボ、発進――高齢者のための使いやすさ検証実践センターについて」『人間生活工学』一三巻一

号、七一-七四頁
（5）　原田悦子・赤津裕子（二〇〇三）「『使いやすさ』とは何か――高齢化社会でのユニバーサルデザインから考える」原田悦子編『「使いやすさ」の認知科学――人とモノとの相互作用を考える』共立出版、一一九-一三八頁
（6）　Hasher, L., Zacks, R. T. and May, C. P. (1999) Inhibitory control, circadian arousal, and age. In, D. Gopher and A. Koriat (eds.) *Attention and Performance XVII Cognitive Regulation of Performance: Interaction of Theory and Application*. The MIT Press, Cambridge, MA, pp. 653-675.
（7）　McCoy, S. L., Tun, P. A., Cox, L. C., Colangelo, M., Stewart, R. A. and Wingfield, A. (2005) Hearing loss and perceptual effort: Downstream effects on older adults' memory for speech. *The Quarterly Journal of Experimental Psychology, Section A*, **58** (1), 22-33.
（8）　Mori, K. and Harada, E. T. (2010) Is learning a family matter? : Experimental study of the influence of social environment on learning by older adults in the use of mobile phones. *Japanese Psychological Research*, **52** (3), 244-255.
（9）　日本学術会議　心理学・教育学委員会　心理学分野の参照基準検討分科会（二〇一四）「報告：大学教育の分野別質保証のための教育課程編成上の参照基準　心理学分野」〔http://www.scj.go.jp/ja/info/kohyo/pdf/kohyo-22-h140930-4.pdf〕
（10）　野島久雄・阪谷徹（一九九二）「コンピュータネットワーク利用場面における他者の役割」日本認知科学会編『認知科学の発展』五巻、講談社、四九-七一頁
（11）　緒方啓史・原田悦子・下夷美幸・南部美砂子・赤津裕子・谷上望（二〇〇三）「ユーザの視点から見た緊急通報システム――在宅ケア情報システムの使いやすさに関する認知科学的検討」『認知科学』一〇巻三号、三五三-三六九頁
（12）　須藤智・原田悦子・田中伸之輔・安達悠子・日根恭子（二〇一四）「高齢者によるタブレット型端末の利用学習――新奇な人工物の利用学習過程に影響を与える内的・外的要因の検討」『認知科学』二一巻一号、六二-八二頁
（13）　Wingfield, A., Tun, P. A. and McCoy, S. L. (2005) Hearing loss in older adulthood: What it is and how it interacts with cognitive performance. *Current Directions in Psychological Science*, **14** (3), 144-148.
（14）　横石知二（二〇〇七）『そうだ、葉っぱを売ろう！――過疎の町、どん底からの再生』ソフトバンククリエイティブ

第5章

（1）　Butler, R. N. (1963) The life review: An interpretation of reminiscence in the aged. *Psychiatry: Journal for the Study of*

Interpersonal Processes, **26**, 65–76.

（2）古田加代子・藺牟田洋美・山崎幸子（二〇一二）「ライフレビューを活用した閉じこもり高齢者支援の効果（3）支援経過と高齢者の変化」『第71回日本公衆衛生学会総会抄録』三五二頁

（3）Haight, B. K.（1988）The therapeutic role of a structured life review: Process in homebound elderly subjects. *Journal of Gerontology*, **43**(2), 40–44.

（4）藺牟田洋美・藤田幸司・山崎幸子他（二〇一三）「地域高齢者の社会的孤立と閉じこもりおよび居場所感の関連」『第72回日本公衆衛生学会総会抄録』四〇八頁

（5）藺牟田洋美・古田加代子・山崎幸子（二〇一二）「ライフレビューを活用した閉じこもり高齢者支援の効果（1）調査の概要と参加者の特性」『第71回日本公衆衛生学会総会抄録』三五一頁

（6）藺牟田洋美・安村誠司・藤田雅美他（一九九八）「地域高齢者における『閉じこもり』の有病率ならびに身体・心理・社会的特徴と移動能力の変化」『日本公衆衛生雑誌』四五巻九号、八八三-八九二頁

（7）厚生労働省「介護予防マニュアル〔改訂版〕第6章　閉じこもり予防・支援マニュアル」〔http://www.mhlw.go.jp/topics/2009/05/tp0501-1.html〕（検索日：二〇一五年十二月一日）

（8）野村豊子（一九九八）『回想法とライフレヴュー――その理論と技法』中央法規

（9）鈴木忠（二〇〇八）『生涯発達のダイナミクス――知の多様性　生きかたの可塑性』東京大学出版会

（10）竹内孝仁（一九八四）「寝たきり老人の成因――『閉じこもり症候群』について」松崎俊久・柴田博・長谷川和夫編『老人保健の基本と展開』医学書院、一四八-一五二頁

（11）山崎幸子・藺牟田洋美・橋本美芽他（二〇〇八）「都市部在住高齢者における閉じこもりの家族および社会関係の特徴」『日本保健科学学会誌』一一巻一号、二〇-二七頁

（12）安村誠司編（二〇〇六）『地域ですすめる　閉じこもり予防・支援――効果的な介護予防の展開に向けて』中央法規

第6章

（1）Caplan, G.（1964）*Principles of Preventive Psychiatry*. Basic Books, New York.〔新福尚武監訳、河村高信他訳（一九七〇）『予防精神医学』朝倉書店〕

（2）Fukukawa, Y., Nakashima, C., Tsuboi, S., Kozakai, R., Doyo, W., Niino, N. et al.（2004）Age differences in the effect of physical activity on depressive symptoms. *Psychology and Aging*, **19**(2), 346–351.

（3） 市田行信・吉川郷主・松田亮三・近藤克則・平井寛・斎藤嘉孝他（二〇〇五）「ソーシャル・キャピタルと健康」『公衆衛生』六九巻一一号、九一四–九一九頁

（4） 井原一成（二〇一三）「軽症のうつ病に注目した2次予防」『エイジングアンドヘルス』二二巻一号、二七–三〇頁

（5） 亀井智子・糸井和佳・梶井文子・川上千春・長谷川真澄・杉本知子（二〇一〇）「都市部多世代交流型デイプログラム参加者の12か月間の効果に関する縦断的検討――Mixed methodsによる高齢者の心の健康と世代間交流の変化に焦点を当てて」『老年看護学』一四巻一号、一六–二四頁

（6） 内閣府（二〇一一）「平成23年度国民生活選好度調査」結果の概要
〔http://www5.cao.go.jp/seikatsu/senkoudo/h23/23senkou_02.pdf〕

（7） Naismith, S. L., Rogers, N. L., Lewis, S. J., Terpening, Z., Ip, T., Diamond, K. et al.（2011）Sleep disturbance relates to neuropsychological functioning in late-life depression. *Journal of Affective Disorders*, **132**(1-2), 139–145.

（8） 岡林秀樹・杉澤秀博・矢冨直美・中谷陽明・高梨薫・深谷太郎他（一九九七）「配偶者との死別が高齢者の健康に及ぼす影響と社会的支援の緩衝効果」『心理學研究』六八巻三号、一四七–一五四頁

（9） 大塚耕太郎・酒井明夫・智田文徳・中山秀紀・間藤光一（二〇〇六）「高齢者の孤独と自殺」『Depression Frontier』四巻一号、二八–三三頁

（10） Oyama, H., Sakashita, T., Hojo, K., Ono, Y., Watanabe, N., Takizawa, T. et al.（2010）A community-based survey and screening for depression in the elderly: The short-term effect on suicide risk in Japan. *Crisis*, **31**(2), 100–118.

（11） Secker, D. L., Kazantzis, N. and Pachana, N. A.（2004）Cognitive behavior therapy for older adults: Practical guidelines for adapting therapy structure. *Journal of Rational-Emotive and Cognitive-Behavior Therapy*, **22**(2), 93–109.

第7章

（1） 朝田隆（二〇〇九）「厚生労働科学研究費補助金（長寿科学総合研究事業）『若年性認知症の実態と対応の基盤整備に関する研究』報告書」

（2） 朝田隆（二〇一三）「厚生労働科学研究費補助金（認知症対策総合研究事業）『都市部における認知症有病率と認知症の生活機能障害への対応』平成23年度～平成24年度総合研究報告書」

(3) Cohen, D. and Eisdorfer, C. (1986) Depression in family members caring for a relative with Alzheimer's disease. *Journal of the American Geriatrics Society*, **36**(10), 885–889.

(4) 本間昭（二〇〇二）「痴呆性高齢者の在宅ケア――いま、なにが求められているか」『日本痴呆ケア学会誌』一巻一号、四五-四九頁

(5) International Psychogeriatric Association (2010) The BPSD Educational Pack (2nd edition).〔日本老年精神医学会監訳（二〇一三）『認知症の行動と心理症状　ＢＰＳＤ〈第２版〉』アルタ出版〕

(6) 加藤伸司（二〇〇五）『認知症になるとなぜ「不可解な行動」をとるのか――深層心理を読み解きケアの方法をさぐる』河出書房新社

(7) 加藤伸司（二〇一四）『認知症の人を知る――認知症の人はなにを思い、どのような行動を取るのか』ワールドプランニング

(8) 加藤伸司（二〇一六）「認知症の人の視点から考えるＢＰＳＤ」『老年精神医学雑誌』二七巻増刊号-I、一五七-一六三頁

(9) Kitwood, T. (1997) *Dementia Reconsidered: The Person Comes First.* Open University Press, Buckingham and Philadelphia.〔高橋誠一訳（二〇〇五）『認知症のパーソンセンタードケア――新しいケアの文化へ』筒井書房〕

(10) Kitwood, T. and Bredin, K. (1992) *Person to Person: A Guide to the Care of Those with Failing Mental Powers.* Gale Centre Publications, Essex.〔高橋誠一監訳、寺田真理子訳（二〇〇五）『認知症の介護のために知っておきたい大切なこと――パーソンセンタードケア入門』筒井書房〕

(11) 認知症介護研究・研修仙台センター監修（二〇一五）『認知症介護基礎研修標準テキスト』ワールドプランニング

第8章

(1) 朝田隆編（二〇〇七）『軽度認知障害（ＭＣＩ）――認知症に先手を打つ』中外医学社

(2) 黒川由紀子・松田修・丸山香・齋藤正彦（一九九九）『回想法グループマニュアル』ワールドプランニング

(3) 黒川由紀子・齋藤正彦・松田修（一九九五）「老年期における精神療法の効果評価――回想法をめぐって」『老年精神医学雑誌』六巻三号、三一五—三二九頁

(4) 松田修（二〇〇六）「高齢者の認知症とサイコエデュケーション」『老年精神医学雑誌』一七巻三号、三〇二-三〇六頁

(5) 松田修・齋藤正彦（二〇一一）「認知症高齢者の権利擁護と能力評価――知能検査および認知機能検査の成績と財産行為を含む生活行為の遂行状況との一致度の検討」『老年精神医学雑誌』二二巻六号、七二三-七三三頁

（6） 齋藤正彦監修（二〇一三）『徴候と対応がイラストでよくわかる　家族の認知症に気づいて支える本』小学館
（7） 若松直樹・三村將（二〇〇九）「現実見当識訓練／リアリティ・オリエンテーショントレーニング」深津亮・齋藤正彦編『くすりに頼らない認知症治療I――非薬物療法のすべて』ワールドプランニング、一一八-一三二頁
（8） World Health Organization (1992) The ICD-10 Classification of Mental and Behavioural Disorders: Clinical Descriptions and Diagnostic Guidelines. World Health Organization, Geneva.

第9章

（1） Artero, S., Petersen, R., Touchon, J. and Ritchie, K. (2006) Revised criteria for mild cognitive impairment: Validation within a longitudinal population study. *Dementia and Geriatric Cognitive Disorders*, 22(5-6), 465-470.
（2） 朝田隆（二〇一三）厚生労働科学研究費補助金認知症対策総合研究事業「都市部における認知症有病率と認知症の生活機能障害への対応」平成23年度〜平成24年度総合研究報告書
（3） Barberger-Gateau, P., Fabrigoule, C., Rouch, I., Letenneur, L. and Dartigues, J. F. (1999) Neuropsychological correlates of self-reported performance in instrumental activities of daily living and prediction of dementia. *The Journals of Gerontology, Series B: Psychological Sciences and Social Sciences*, 54(5), 293-303.
（4） Bickel, H. and Kurz, A. (2009) Education, occupation, and dementia: The Bavarian School Sisters Study. *Dementia and Geriatric Cognitive Disorders*, 27(6), 548-556.
（5） Cotman, C. W. and Engesser-Cesar, C. (2002) Exercise enhances and protects brain function. *Exercise and Sport Sciences Reviews*, 30(2), 75-79.
（6） Fratiglioni, L., Wang, H. X., Ericsson, K., Maytan, M. and Winblad, B. (2000) Influence of social network on occurrence of dementia: A community-based longitudinal study. *The Lancet*, 355(9212), 1315-1319.
（7） Kalmijn, S., Launer, L. J., Ott, A., Witteman, J. C., Hofman, A. and Breteler, M. M. (1997) Dietary fat intake and the risk of incident dementia in the Rotterdam Study. *Annals of Neurology*, 42(5), 776-782.
（8） Kempermann, G., Gast, D. and Gage, F. H. (2002) Neuroplasticity in old age: Sustained fivefold induction of hippocampal neurogenesis by long-term environmental enrichment. *Annals of Neurology*, 52(2), 135-143.
（9） Kondo, K., Niino, M. and Shido, K. (1994) A case-control study of Alzheimer's disease in Japan: Significance of life-styles.

Dementia and Geriatric Cognitive Disorders, **5** (6), 314–326.

(10) 厚生労働省ホームページ「介護予防マニュアル〔改訂版：平成24年3月〕第7章　認知機能低下予防・支援マニュアル」参考資料7-4「習慣化したい人のためのウォーキングプログラムテキスト改訂版」〔http://www.mhlw.go.jp/topics/2009/05/dl/tp0501-sankou7-4.pdf〕

(11) Laurin, D., Verreault, R., Lindsay, J., MacPherson, K. and Rockwood, K. (2001) Physical activity and risk of cognitive impairment and dementia in elderly persons. *Archives of Neurology*, **58** (3), 498–504.

(12) Lautenschlager, N. T., Cox, K. L., Flicker, L., Foster, J. K., van Bockxmeer, F. M., Xiao, J. et al. (2008) Effect of physical activity on cognitive function in older adults at risk for Alzheimer disease: A randomized trial. *The Journal of the American Medical Association*, **300** (9), 1027–1037.

(13) Lazarov, O., Robinson, J., Tang, Y. P., Hairston, I. S., Korade-Mirnics, Z., Lee, V. M. et al. (2005) Environmental enrichment reduces Abeta levels and amyloid deposition in transgenic mice. *Cell*, **120** (5), 701–713.

(14) Lindsay, J., Laurin, D., Verreault, R., Hébert, R., Helliwell, B., Hill, G. B. et al. (2002) Risk factors for Alzheimer's disease: A prospective analysis from the Canadian Study of Health and Aging. *American Journal of Epidemiology*,**156** (5), 445–453.

(15) Maki, Y., Ura, C., Yamaguchi, T., Murai, T., Isahai, M., Kaiho, A. et al. (2012a) Effects of intervention using a community-based walking program for prevention of mental decline: A randomized controlled trial. *Journal of the American Geriatrics Society*, **60** (3), 505–510.

(16) Maki, Y., Ura, C., Yamaguchi, T., Takahashi, R. and Yamaguchi, H. (2012b) Intervention using a community-based walking program is effective for elderly adults with depressive tendencies. *Journal of the American Geriatrics Society*, **60** (8), 1590–1591.

(17) Morris, M. C., Evans, D. A., Bienias, J. L., Tangney, C. C., Bennett, D. A., Aggarwal, N. et al. (2002) Dietary intake of antioxidant nutrients and the risk of incident Alzheimer disease in a biracial community study. *The Journal of the American Medical Association*, **287** (24), 3230–3237.

(18) Neeper, S. A., Gómez-Pinilla, F., Choi, J. and Cotman, C. W. (1996) Physical activity increases mRNA for brain-derived neurotrophic factor and nerve growth factor in rat brain. *Brain Research*, **726** (1-2), 49–56.

(19) Ngandu, T., Lehtisalo, J., Solomon, A., Levälahti, E., Ahtiluoto, S., Antikainen, R. et al (2015) A 2 year multidomain intervention of diet, exercise, cognitive training, and vascular risk monitoring versus control to prevent cognitive decline in at-risk elderly people (FINGER): A randomised controlled trial. *The Lancet*, **385** (9984), 2255–2263.

(20) Ozawa, M., Ninomiya, T., Ohara, T., Doi, Y., Uchida, K., Shirota, T. et al. (2013) Dietary patterns and risk of dementia in an elderly Japanese population: The Hisayama Study. *The American Journal of Clinical Nutrition*, **97**(5), 1076–1082.

(21) Petersen, R. C., Smith, G. E., Waring, S. C., Ivnik, R. J., Tangalos, E. G. and Kokmen, E. (1999) Mild cognitive impairment: Clinical characterization and outcome. *Archives of Neurology*, **56**(3), 303–308.

(22) Rentz, D. M. and Weintraub, S. (2000) Neuropsychological detection of early probable Alzheimer's disease. In, L. F. M. Scinto and K. R. Daffner (eds.) *Early Diagnosis and Treatment of Alzheimer's Disease*. Humana Press, Totowa, 69–189.

(23) Scarmeas, N., Stern, Y., Mayeux, R. and Luchsinger, J. A. (2006) Mediterranean diet, Alzheimer disease, and vascular mediation. *Archives of Neurology*, **63**(12), 1709–1717.

(24) Valls-Pedret, C., Sala-Vila, A., Serra-Mir, M., Corella, D., de la Torre, R., Martínez-González, M. Á. et al. (2015) Mediterranean diet and age-related cognitive decline: A randomized clinical trial. *The Journal of the American Medical Association*, **175**(7), 1094–1103.

(25) Willis, S. L., Tennstedt, S. L., Marsiske, M., Ball, K., Elias, J., Koepke, K. M. et al. (2006) Long-term effects of cognitive training on everyday functional outcomes in older adults. *The Journal of the American Medical Association*, **296**(23), 2805–2814.

(26) Wilson, R. S., Mendes De Leon, C. F., Barnes, L. L., Schneider, J. A., Bienias, J. L., Evans, D. A. et al. (2002) Participation in cognitively stimulating activities and risk of incident Alzheimer disease. *The Journal of the American Medical Association*, **287**(6), 742–748.

(27) Winblad, B., Palmer, K., Kivipelto, M., Jelic, V., Fratiglioni, L., Wahlund, L. O. et al. (2004) Mild cognitive impairment: Beyond controversies, towards a consensus: Report of the International Working Group on Mild Cognitive Impairment. *Journal of Internal Medicine*, **256**(3), 240–246.

(28) Yoshitake, T., Kiyohara, Y., Kato, I., Ohmura, T., Iwamoto, H., Nakayama, K. et al. (1995) Incidence and risk factors of vascular dementia and Alzheimer's disease in a defined elderly Japanese population: The Hisayama Study. *Neurology*, **45**(6), 1161–1168.

ら行

た行

な行

は行

ま行

や行

さ行

索　引

【第 8 章】

松田　修（まつだ　おさむ）

1996年　東京大学大学院医学系研究科博士課程修了

現　在　東京学芸大学総合教育科学系教育心理学講座臨床心理学分野准教授，博士（保健学）

著　書　『回想法グループマニュアル』（共著）1999 年 ワールドプランニング，『日本語版 COGNISTAT 検査マニュアル』（共著）2004 年 ワールドプランニング，『老年臨床心理学』（共著）2005 年 有斐閣

【第 9 章】

宇良　千秋（うら　ちあき）

1998年　白百合女子大学大学院文学研究科博士課程単位取得退学

現　在　東京都健康長寿医療センター研究所研究員，博士（心理学）

著　書　『「地域型認知症予防プログラム」実践ガイド』（共著）2008 年 中央法規出版

【第 4 章】

原田　悦子（はらだ　えつこ）

1986年　筑波大学大学院博士課程心理学研究科修了

現　在　筑波大学人間系教授，教育学博士

著　書　『認知科学の探究　「使いやすさ」の認知科学』（編著）2003 年 共立出版，『現代の認知心理学 4　注意と安全』（共編著）2011 年 北大路書房，『スタンダード認知心理学』（編著）2015 年 サイエンス社　他

【第 5 章】

藺牟田　洋美（いむた　ひろみ）

1991年　千葉大学大学院文学研究科行動科学専攻修了

現　在　首都大学東京健康福祉学部准教授，博士（医学）

著　書　『地域ですすめる　閉じこもり予防・支援』（分担執筆）2006 年 中央法規出版，『エイジング心理学』（分担執筆）2007 年 北大路書房，『朝倉心理学講座 15　高齢者心理学』（分担執筆）2008 年 朝倉書店

【第 6 章】

小野口　航（おのぐち　わたる）

2015年　早稲田大学大学院文学研究科心理学コース修士課程修了

現　在　早稲田大学大学院文学研究科心理学コース博士後期課程在学中

福川　康之（ふくかわ　やすゆき）

1998年　早稲田大学大学院文学研究科心理学専攻博士課程単位取得退学

現　在　早稲田大学文学学術院教授，博士（文学）

著　書　『朝倉心理学講座 19　ストレスと健康の心理学』（共著）2006 年 朝倉書店，『老化とストレスの心理学』2007 年 弘文堂，『人間関係の生涯発達心理学』（共著）2014 年 丸善出版　他

【第 7 章】

加藤　伸司（かとう　しんじ）

1979年　日本大学文理学部心理学科卒業

現　在　東北福祉大学総合福祉学部福祉心理学科教授，認知症介護研究・研修仙台センター長

著　書　『認知症を介護する人のための本』2007 年 河出書房新社，『高齢者虐待の予兆察知』（共編著）2011 年 ワールドプランニング，『施設スタッフと家族のための　認知症の理解と家族支援方法［改訂版］』（共編著）2012 年 ワールドプランニング，『認知症の人を知る』2014 年 ワールドプランニング，『認知症になるとなぜ「不可解な行動」をとるのか［増補新版］』2016 年 河出書房新社

■編者紹介

長田　久雄（おさだ　ひさお）

1979年　早稲田大学大学院心理学研究科修士課程修了
現　在　桜美林大学大学院老年学研究科教授，博士（医学）
著　書　『老年学要論』（共編）2007 年 建帛社，『心ふれあう「傾聴」のすすめ』2008 年 河出書房新社，『家族のココロを軽くする　認知症介護お悩み相談室』2014 年 中央法規　他

箱田　裕司（はこだ　ゆうじ）

1977年　九州大学大学院文学研究科博士課程単位取得退学
現　在　京都女子大学発達教育学部教授，九州大学名誉教授，文学博士
著　書　『知性と感性の心理』（共編著）2000 年 福村出版，『認知心理学』（共著）2010 年 有斐閣，『心理学研究法 2　認知』（編著）2012 年 誠信書房　他

■執筆者紹介

【第 1 章】

原田　和弘（はらだ　かずひろ）

2011年　早稲田大学大学院スポーツ科学研究科博士後期課程修了
現　在　神戸大学大学院人間発達環境学研究科特命助教，博士（スポーツ科学）
著　書　『医療心理学の新展開』（分担執筆）2008 年 北大路書房，『スポーツ心理学事典』（分担執筆）2008 年 大修館書店

【第 2 章】

加藤　佐千子（かとう　さちこ）

2014年　桜美林大学大学院老年学研究科老年学専攻博士後期課程修了
現　在　京都ノートルダム女子大学生活福祉文化学部・人間文化研究科教授，博士（老年学）
著　書　『生活へのまなざし』（共著）2004 年 ナカニシヤ書店，『生活へのまなざし Part II』（共著）2008 年 ナカニシヤ書店，『生活福祉文化資源の探究』（共著）2013 年 ナカニシヤ書店

【第 3 章】

権藤　恭之（ごんどう　やすゆき）

1994年　関西学院大学大学院文学研究科心理学専攻博士課程単位取得満期退学
現　在　大阪大学大学院人間科学研究科准教授，博士（心理学）
著　書　『朝倉心理学講座 15　高齢者心理学』（編著）2008 年 朝倉書店，『よくわかる　高齢者心理学』（共編著）2016 年 ミネルヴァ書房

心理学叢書《しんりがくそうしょ》
超高齢社会《ちょうこうれいしゃかい》を生《い》きる——老《お》いに寄《よ》り添《そ》う心理学《しんりがく》

2016年12月10日　第1刷発行

監修者　日本心理学会
編　者　長田久雄
　　　　箱田裕司
発行者　柴田敏樹

発行所　株式会社　誠信書房
〒112-0012 東京都文京区大塚3-20-6
電話03（3946）5666
http://www.seishinshobo.co.jp/

印刷／中央印刷　製本／協栄製本
検印省略　落丁・乱丁本はお取り替えいたします
ISBN978-4-414-31118-1 C1311　Printed in Japan